# BUKU MASAK RHUBARB LENGKAP

100 Resipi Menarik untuk Meraikan Khazanah Tart Alam Semulajadi

Soon Mon Ler

# ISI KANDUNGAN

# ISI KANDUNGAN

# PENGENALAN

Rhubarb, dengan tangkai delima yang meriah dan rasa tart yang menyelerakan, adalah hadiah dari taman yang telah memikat hati tukang masak dan pencinta makanan sejak turun temurun. Kemunculannya di taman setiap musim bunga adalah pertanda musim, isyarat bahawa larder alam semula jadi dibuka untuk perniagaan. Dalam buku masakan ini, kami menjemput anda untuk memulakan perjalanan kulinari yang meraikan rasa ketupat yang unik dan tidak dapat dilupakan.

Gambar, jika anda mahu, pagi yang cerah pada awal musim bunga. Taman itu perlahan-lahan bangun dari tidur musim sejuknya, dan di sana, menyorong bumi, adalah tangkai rhubarb pertama yang mulia. Mereka berdiri tegak dan bangga, rona lembayung cemerlang mereka berbeza sekali dengan rona taman yang disenyapkan. Rhubarb, dengan warnanya yang cerah dan rasa yang tajam, nampaknya menentang kesejukan yang berlarutan di udara, mengumumkan bahawa musim pertumbuhan dan kelimpahan baharu telah tiba.

Tetapi rhubarb lebih daripada sekadar tumbuhan yang cantik; ia adalah keajaiban masakan. Rasanya adalah simfoni kepahitan, dibaja oleh sedikit kemanisan, dan ia mempunyai kerumitan yang boleh menjadi berani dan halus. Ia adalah rasa yang menari-nari di atas tunas rasa, meninggalkan kesan berlarutan yang sukar untuk dilupakan.

Selama beberapa generasi, tukang masak dan penggemar makanan telah menerima kualiti unik rhubarb, menggunakannya untuk membuat hidangan yang terdiri daripada yang selesa dan tradisional kepada yang berani inovatif. Ia telah menghiasi meja kotej sederhana dan restoran berbintang Michelin. Fleksibilitinya tidak terhad, kerana ia dengan mudah beralih daripada membintangi pai yang selesa dan hancur kepada memainkan peranan sokongan dalam sos dan koktel yang canggih.

Dalam buku masakan ini, kami berhasrat untuk membongkar misteri ketupat, mempamerkan pelbagai aspeknya dan memberi inspirasi kepada anda untuk menjadikannya bintang dalam himpunan masakan anda. Anda akan menemui resipi yang menghormati rhubarb dalam semua kemuliaannya, sama ada ia adalah bintang pertunjukan atau tambahan yang mengejutkan, namun menarik, pada hidangan. Dari suapan masam pertama rangup rhubarb hingga tegukan terakhir koktel yang diselitkan rhubarb, kami mahu anda merasai keajaiban permata taman ini.

Oleh itu, semasa anda menyelak halaman ini, bayangkan diri anda berada di dapur anda, berbekalkan kumpulan rhubarb segar, bersedia untuk memulakan pengembaraan masakan. Biarkan warna terang dan daya tarikan ketupat menyemarakkan kreativiti anda. Sertai kami dalam meraikan kebangkitan rhubarb, di mana tradisi lama bertemu dengan inovasi, dan di mana kegembiraan memasak dengan ramuan hebat ini dikongsi dengan tukang masak dan pencinta makanan dari semua generasi. Selamat datang ke dunia di mana rhubarb berkuasa, dan setiap hidangan adalah perayaan rasa yang unik dan tidak dapat dilupakan.

# SARAPAN PAGI

## 1. Wafel dengan Rhubarb Rebus

**BAHAN-BAHAN:**

- 2 biji telur, dipisahkan
- 1 paun rhubarb segar, dipotong dan dibasuh
- 1¾ cawan (420ml) susu
- ¼ cawan gula
- 1 sudu teh ekstrak vanila
- 4 auns (115g) mentega, dicairkan untuk dihidangkan
- 1 x 4.6-auns (130g) bungkusan gula tepung vanila, pilihan.
- puding campur Vanila kastard, pilihan.
- 2¼ cawan (295g) tepung serba guna
- 2 sudu teh serbuk penaik
- ¼ sudu teh garam
- ½ cawan (100g) gula

**ARAHAN:**

a) Sediakan Sear dan Tekan Grill dengan Plat Wafel. Pilih 410°F untuk plat atas dan 350°F untuk plat bawah. Tekan Mula untuk memanaskan.

b) Untuk ketupat rebus, potong tangkai ketupat kepada panjang ½ inci dan masukkannya ke dalam periuk dengan gula dan 1 cawan air. Masak dengan api perlahan sehingga ketupat lembut, tetapi tidak hancur. Sejukkan sepenuhnya.

c) Untuk wafel, pukul kuning telur, susu, ekstrak vanila, dan mentega cair bersama-sama dalam mangkuk adunan yang besar.

d) Satukan adunan puding, tepung, serbuk penaik, garam dan gula dalam mangkuk adunan besar dan buat perigi di tengah.

e) Tuangkan campuran telur dan susu dengan teliti dan pukul sehingga sebati.

f) Pukul putih telur dengan pemukul elektrik sehingga bentuk puncak padat. Lipat melalui adunan wafel.

g) Setelah Prapanas selesai; lampu Sedia hijau akan menyala. Masukkan ½ cawan adunan ke dalam setiap petak wafel.

h) Tutup penutup dan masak sehingga masak dan perang keemasan. Ini akan mengambil masa lebih kurang 4 minit atau sehingga masak mengikut citarasa anda. Keluarkan wafel dan letakkan di atas rak dawai untuk menyejukkan sedikit.

i) Ulang dengan adunan yang tinggal. Hidangkan dengan kastard vanila tebal dan rhubarb; taburkan dengan gula halus.

# 1.Wafel dengan Rhubarb Rebus

**BAHAN-BAHAN:**

- 2 biji telur, dipisahkan
- 1 paun rhubarb segar, dipotong dan dibasuh
- 1¾ cawan (420ml) susu
- ¼ cawan gula
- 1 sudu teh ekstrak vanila
- 4 auns (115g) mentega, dicairkan untuk dihidangkan
- 1 x 4.6-auns (130g) bungkusan gula tepung vanila, pilihan.
- puding campur Vanila kastard, pilihan.
- 2¼ cawan (295g) tepung serba guna
- 2 sudu teh serbuk penaik
- ¼ sudu teh garam
- ½ cawan (100g) gula

**ARAHAN:**

a) Sediakan Sear dan Tekan Grill dengan Plat Wafel. Pilih 410°F untuk plat atas dan 350°F untuk plat bawah. Tekan Mula untuk memanaskan.

b) Untuk ketupat rebus, potong tangkai ketupat kepada panjang ½ inci dan masukkannya ke dalam periuk dengan gula dan 1 cawan air. Masak dengan api perlahan sehingga ketupat lembut, tetapi tidak hancur. Sejukkan sepenuhnya.

c) Untuk wafel, pukul kuning telur, susu, ekstrak vanila, dan mentega cair bersama-sama dalam mangkuk adunan yang besar.

d) Satukan adunan puding, tepung, serbuk penaik, garam dan gula dalam mangkuk adunan besar dan buat perigi di tengah.

e) Tuangkan campuran telur dan susu dengan teliti dan pukul sehingga sebati.

f) Pukul putih telur dengan pemukul elektrik sehingga bentuk puncak padat. Lipat melalui adunan wafel.

g) Setelah Prapanas selesai; lampu Sedia hijau akan menyala. Masukkan ½ cawan adunan ke dalam setiap petak wafel.

h) Tutup penutup dan masak sehingga masak dan perang keemasan. Ini akan mengambil masa lebih kurang 4 minit atau sehingga masak mengikut citarasa anda. Keluarkan wafel dan letakkan di atas rak dawai untuk menyejukkan sedikit.

i) Ulang dengan adunan yang tinggal. Hidangkan dengan kastard vanila tebal dan rhubarb; taburkan dengan gula halus.

## 2.Muffin Sarapan Rhubarb

**BAHAN-BAHAN:**

- ½ cawan madu tulen atau sirap maple
- 1 tangkai besar rhubarb, dipotong & dipotong ½".
- ¼ cawan tepung serba guna
- 1 sudu teh kayu manis tanah
- ½ sudu teh serbuk penaik
- 2 biji telur dipukul, bersaiz besar
- ¼ cawan minyak kelapa dara tambahan, cair
- 2 sudu teh ekstrak vanila tulen
- ½ sudu teh garam halal

**ARAHAN:**

a) Alaskan loyang muffin bersaiz standard (12 cawan) dengan pelapik kertas dan kemudian, panaskan ketuhar anda hingga 375 F.

b) Seterusnya, pukul tepung dengan serbuk penaik, kayu manis, dan garam dalam mangkuk adunan besar sehingga sebati.

c) Pukul telur dengan minyak kelapa, sirap maple, dan vanila dalam mangkuk adunan bersaiz sederhana. Masukkan adunan telur perlahan-lahan ke dalam adunan tepung sehingga sebati.

d) Isikan sekata cawan muffin dengan adunan yang telah disediakan & taburkan 6 keping rhubarb di atas setiap cawan muffin, tekan sebahagiannya ke dalam adunan.

e) Bakar dalam ketuhar yang telah dipanaskan selama 22 hingga 25 minit, sehingga sebatang kayu keluar bersih. Biarkan sejuk selama 5 minit dalam kuali dan kemudian, pindahkan ke rak dawai untuk menyejukkan sepenuhnya.

## 3. Pancake Rhubarb

**BAHAN-BAHAN:**

- 1 cawan tepung serba guna
- 2 sudu besar gula
- 1 sudu teh serbuk penaik
- ½ sudu teh baking soda
- ¼ sudu teh garam
- 1 biji telur
- 1 cawan buttermilk
- ½ cawan rhubarb cincang
- Mentega atau minyak untuk memasak

**ARAHAN:**

a) Dalam mangkuk adunan, pukul bersama tepung, gula, serbuk penaik, soda penaik, dan garam.

b) Dalam mangkuk lain, pukul telur dan campurkan dengan buttermilk.

c) Tuangkan bahan basah ke dalam bahan kering dan kacau sehingga sebati.

d) Perlahan-lahan lipat dalam rhubarb yang dicincang.

e) Panaskan kuali atau griddle di atas api yang sederhana tinggi dan masukkan sedikit mentega atau minyak.

f) Tuangkan ¼ cawan bahagian adunan ke atas kuali untuk membuat penkek.

g) Masak sehingga timbul buih di permukaan, kemudian balik-balikkan dan masak sehingga perang keemasan di kedua-dua belah.

h) Hidangkan bersama topping pancake kegemaran anda.

# 4.Scones Rhubarb

**BAHAN-BAHAN:**

- 2 cawan tepung serba guna
- ¼ cawan gula
- 2 sudu teh serbuk penaik
- ½ sudu teh baking soda
- ½ sudu teh garam
- ½ cawan mentega sejuk, potong dadu
- ½ cawan rhubarb cincang
- ½ cawan buttermilk
- 1 sudu teh ekstrak vanila

**ARAHAN:**

a) Panaskan ketuhar anda hingga 400°F (200°C) dan alaskan loyang dengan kertas parchment.

b) Dalam mangkuk besar, pukul bersama tepung, gula, serbuk penaik, soda penaik, dan garam.

c) Masukkan mentega kiub sejuk dan potong ke dalam bahan kering menggunakan pemotong pastri atau jari anda sehingga adunan menyerupai serbuk kasar.

d) Masukkan rhubarb yang telah dicincang.

e) Dalam mangkuk yang berasingan, campurkan susu mentega dan ekstrak vanila.

f) Tuangkan adunan buttermilk ke dalam bahan kering dan kacau sehingga sebati.

g) Balikkan doh ke atas permukaan yang ditaburkan tepung, uli perlahan-lahan beberapa kali, dan kemudian tepukkan ke dalam bulatan setebal kira-kira 1 inci.

h) Potong doh ke dalam baji dan letakkan di atas loyang yang disediakan.

i) Bakar selama 15-18 minit atau sehingga scone berwarna perang keemasan.

j) Biarkan ia sejuk sedikit sebelum dihidangkan.

## 5.Mangkuk Yogurt Rhubarb

**BAHAN-BAHAN:**

- 1 cawan yogurt Yunani (atau yogurt pilihan anda)
- ½ cawan rhubarb cincang
- 2 sudu besar madu atau sirap maple (sesuaikan dengan rasa)
- ¼ cawan granola
- Beri segar untuk topping (pilihan)

**ARAHAN:**

a) Dalam mangkuk, campurkan yogurt Yunani dan madu atau sirap maple sehingga sebati.

b) Lapiskan campuran yogurt dengan rhubarb cincang dan granola dalam mangkuk hidangan atau kaca.

c) Teratas dengan beri segar jika mahu.

d) Nikmati mangkuk yogurt rhubarb anda!

# 6.Skon Rhubarb dan Halia

**BAHAN-BAHAN:**

- 2 cawan tepung serba guna
- 1/2 cawan gula pasir
- 2 sudu kecil serbuk penaik
- 1/2 sudu kecil baking soda
- 1/2 sudu kecil garam
- 1/2 cawan mentega tanpa garam, sejuk dan kiub
- 1/2 cawan rhubarb yang dicincang
- 1/4 cawan halia hablur, dicincang
- 1/2 cawan buttermilk
- 1 biji telur, dipukul

**ARAHAN:**

a) Panaskan ketuhar anda kepada 425°F (220°C) dan alaskan loyang dengan kertas parchment.
b) Dalam mangkuk besar, pukul bersama tepung, gula, serbuk penaik, soda penaik, dan garam.
c) Masukkan mentega sejuk, potong dadu ke dalam bahan kering dan gunakan pemotong pastri atau jari anda untuk memasukkannya ke dalam adunan tepung sehingga ia menyerupai serbuk kasar.
d) Masukkan rhubarb yang dicincang dan halia yang dihablur.
e) Tuangkan buttermilk dan kacau perlahan-lahan hingga adunan sebati.
f) Balikkan doh ke atas permukaan tepung dan uli perlahan-lahan beberapa kali.
g) Tepuk doh ke dalam bulatan kira-kira 1 inci tebal.
h) Potong bulatan menjadi 8 baji dan pindahkan ke dalam loyang yang disediakan.
i) Sapu bahagian atas scone dengan telur yang telah dipukul.
j) Bakar selama 12-15 minit, atau sehingga ia berwarna perang keemasan.

## 7.Sos Epal dan Muffin Rhubarb

**BAHAN-BAHAN:**

- 2 cawan tepung serba guna
- 1 cawan tepung gandum
- 2 sudu teh serbuk penaik
- 2 sudu teh kayu manis dikisar
- 1/2 sudu teh Baking soda
- 1/2 sudu teh Garam
- 2 biji telur
- 1 1/3 cawan Gula perang yang dibungkus
- 1 1/3 cawan Sos Epal
- 1/2 cawan Minyak
- 1 1/2 cawan Rhubarb dicincang

**ARAHAN:**

a) Panaskan ketuhar hingga 400°F (200°C). Minyakkan sedikit cawan muffin 3 inci atau alaskannya dengan cawan muffin kertas.

b) Dalam mangkuk adunan, ayak bersama 6 bahan pertama. Buat perigi di tengah dan ketepikan.

c) Dalam mangkuk adunan yang berasingan, pukul telur.

d) Masukkan gula perang, sos epal, dan minyak ke dalam telur yang dipukul. Teruskan pukul sehingga adunan sebati.

e) Kacau adunan telur ke dalam adunan tepung, kacau hanya sehingga adunan dibasahkan (adunan sepatutnya berketul).

f) Perlahan-lahan lipat dalam rhubarb yang dicincang.

g) Isi cawan muffin yang disediakan kira-kira dua pertiga penuh.

h) Bakar selama 18-20 minit atau sehingga bahagian atas bertukar keemasan.

i) Keluarkan muffin dari ketuhar dan biarkan ia sejuk selama 10 minit sebelum mengeluarkannya dari kuali.

# 8.Rhubarb Parfait

**BAHAN-BAHAN:**

- 2 cawan rhubarb dicincang
- 1/2 cawan gula pasir
- 1 cawan yogurt Yunani
- 1/2 cawan granola

**ARAHAN:**

a) Dalam periuk, gabungkan rhubarb yang dicincang dan gula pasir.
b) Masak dengan api sederhana, kacau sekali-sekala, sehingga rhubarb lembut dan gula larut. Ini akan mengambil masa kira-kira 10-15 minit. Biarkan ia sejuk.
c) Dalam menghidangkan gelas atau mangkuk, sapukan kompot rhubarb, yogurt Greek dan granola.
d) Ulangi lapisan sehingga gelas diisi.
e) Hidangkan segera atau sejukkan untuk kemudian.

## 9.Muffin Rhubarb

**BAHAN-BAHAN:**

- 1 1/2 cawan tepung serba guna
- 1/2 cawan gula pasir
- 1 sudu kecil serbuk penaik
- 1/2 sudu kecil baking soda
- 1/4 sudu kecil garam
- 1/2 cawan mentega tanpa garam, cair
- 1/2 cawan buttermilk
- 1 biji telur
- 1 sudu kecil ekstrak vanila
- 1 cawan rhubarb cincang

**ARAHAN:**

a) Panaskan ketuhar anda hingga 350°F (175°C) dan alaskan loyang muffin dengan pelapik kertas.
b) Dalam mangkuk besar, pukul bersama tepung, gula, serbuk penaik, soda penaik, dan garam.
c) Dalam mangkuk lain, satukan mentega cair, susu mentega, telur dan ekstrak vanila.
d) Tuangkan bahan basah ke dalam bahan kering dan kacau sehingga sebati.
e) Perlahan-lahan lipat dalam rhubarb yang dicincang.
f) Isikan setiap cawan muffin lebih kurang 2/3 penuh dengan adunan.
g) Bakar selama 18-20 minit atau sehingga pencungkil gigi yang dimasukkan ke dalam muffin keluar bersih.
h) Biarkan muffin sejuk sebelum dihidangkan.

## 10.Rhubarb Oatmeal

**BAHAN-BAHAN:**

- 1 cawan oat gulung
- 2 cawan susu
- 1/2 cawan rhubarb yang dicincang
- 2 sudu besar madu
- 1/2 sudu teh ekstrak vanila

**ARAHAN:**

a) Dalam periuk, satukan oat gulung dan susu.
b) Masak dengan api sederhana, kacau selalu, sehingga oat lembut dan adunan pekat.
c) Masukkan rhubarb, madu, dan ekstrak vanila yang dicincang.
d) Masak selama 5 minit lagi sehingga rhubarb lembut.
e) Hidangkan panas, dihiasi dengan madu tambahan jika dikehendaki.

## 11.Rhubarb dan Strawberry Overnight Oat

**BAHAN-BAHAN:**

- 1 cawan oat gulung
- 1 cawan susu (atau pengganti susu pilihan anda)
- 1/2 cawan rhubarb yang dicincang
- 1/2 cawan hirisan strawberi
- 1 sudu besar madu atau sirap maple
- 1/2 sudu teh ekstrak vanila

**ARAHAN:**

a) Dalam bekas atau balang, satukan oat gulung dan susu.

b) Masukkan rhubarb yang dicincang, strawberi yang dihiris, madu, dan ekstrak vanila.

c) Kacau semuanya, tutup, dan sejukkan semalaman.

d) Pada waktu pagi, berikan adunan kacau yang baik, dan nikmati ketupat berkrim dan oat strawberi semalaman.

## 12.Puding Rhubarb dan Chia Seed

**BAHAN-BAHAN:**

- 1/4 cawan biji chia
- 1 cawan susu badam (atau susu pilihan anda)
- 1/2 cawan rhubarb yang dicincang
- 1 sudu besar madu atau sirap agave
- 1/2 sudu teh ekstrak vanila

**ARAHAN:**

a) Dalam mangkuk, campurkan biji chia, susu badam, madu, dan ekstrak vanila.

b) Kacau rata dan sejukkan selama beberapa jam atau semalaman untuk membolehkan biji chia menyerap cecair.

c) Dalam kuali yang berasingan, masak rhubarb yang dicincang sehingga ia lembut, kemudian biarkan ia sejuk.

d) Apabila puding chia ditetapkan, tambahkannya dengan rhubarb yang telah dimasak.

e) Nikmati puding rhubarb dan biji chia anda.

# 13. Mangkuk Sarapan Rhubarb dan Keju Kotej

**BAHAN-BAHAN:**

- 1 cawan keju kotej
- 1/2 cawan rhubarb yang dicincang
- 1/4 cawan hirisan badam
- 1 sudu besar madu
- Daun pudina segar untuk hiasan

**ARAHAN:**

a) Dalam mangkuk, cedok keju kotej.
b) Teratas dengan rhubarb cincang, badam yang dihiris, dan sedikit madu.
c) Hiaskan dengan daun pudina segar.
d) Hidangkan sebagai mangkuk sarapan yang sihat dan penuh protein.

## 14. Roti Bakar Perancis Sumbat Rhubarb dan Keju Krim

**BAHAN-BAHAN:**

- 8 keping roti
- 4 oz krim keju, dilembutkan
- 1/2 cawan rhubarb yang dicincang
- 2 biji telur
- 1/2 cawan susu
- 1 sudu kecil ekstrak vanila
- 1/4 cawan gula halus
- Sirap maple untuk hidangan

**ARAHAN:**

a) Dalam mangkuk, campurkan keju krim lembut dan rhubarb cincang.

b) Sapukan campuran ini di antara dua keping roti untuk membuat sandwic.

c) Dalam mangkuk lain, pukul bersama telur, susu dan ekstrak vanila.

d) Celupkan setiap sandwic ke dalam adunan telur, salutkan kedua-dua belah.

e) Masak sandwic pada griddle atau kuali sehingga perang keemasan di kedua-dua belah.

f) Taburkan dengan gula tepung dan hidangkan dengan sirap maple.

## 15.Muffin Rhubarb dan Almond

**BAHAN-BAHAN:**

- 1 1/2 cawan tepung serba guna
- 1/2 cawan gula pasir
- 1/2 cawan rhubarb yang dicincang
- 1/4 cawan hirisan badam
- 1/2 cawan buttermilk
- 1/4 cawan mentega tanpa garam, cair
- 1 biji telur
- 1 sudu kecil ekstrak badam
- 1 sudu kecil serbuk penaik
- 1/2 sudu kecil baking soda
- 1/4 sudu kecil garam

**ARAHAN:**

a) Panaskan ketuhar anda kepada 375°F (190°C) dan alaskan loyang muffin dengan pelapik kertas.
b) Dalam mangkuk besar, pukul bersama tepung, gula, serbuk penaik, soda penaik, dan garam.
c) Dalam mangkuk lain, campurkan susu mentega, mentega cair, telur, dan ekstrak badam.
d) Tuangkan bahan basah ke dalam bahan kering dan kacau sehingga sebati.
e) Perlahan-lahan masukkan ketupat cincang dan badam yang dihiris.
f) Isikan setiap cawan muffin lebih kurang 2/3 penuh dengan adunan.
g) Bakar selama 20-25 minit, atau sehingga pencungkil gigi yang dimasukkan ke dalam muffin keluar bersih.

## 16.Roti Bakar Perancis Rhubarb

**BAHAN-BAHAN:**

- 4 keping roti
- 2 biji telur
- ½ cawan susu
- ¼ cawan rhubarb yang dicincang
- 1 sudu besar gula
- ½ sudu teh kayu manis
- Mentega untuk memasak

**ARAHAN:**

a) Dalam mangkuk, pukul bersama telur, susu, gula, dan kayu manis.

b) Celupkan setiap keping roti ke dalam adunan telur, pastikan ia bersalut dengan baik.

c) Taburkan rhubarb yang dicincang di atas dua keping roti, kemudian atas dengan kepingan yang tinggal untuk membuat sandwic.

d) Panaskan kuali dengan api sederhana dan masukkan sedikit mentega.

e) Masak setiap sandwic toast Perancis sehingga perang keemasan di kedua-dua belah.

f) Hidangkan panas dengan sedikit sirap maple.

## 17.Rhubarb dan Ricotta Crepes

**BAHAN-BAHAN:**
**UNTUK CREPES:**

- 1 cawan tepung serba guna
- 2 biji telur
- 1 1/2 cawan susu
- 2 sudu besar mentega cair
- 1/4 sudu kecil garam

**UNTUK PENGISIAN:**

- 1 cawan rhubarb cincang
- 1/2 cawan keju ricotta
- 1/4 cawan gula halus
- 1/2 sudu teh ekstrak vanila

**ARAHAN:**

a) Dalam mangkuk, pukul bersama bahan krep sehingga anda mendapat adunan yang licin. Biarkan ia berehat lebih kurang 30 minit.
b) Panaskan kuali tidak melekat di atas api sederhana dan masukkan sedikit mentega atau minyak.
c) Tuangkan sedikit adunan ke dalam kuali, pusing-pusingkan untuk menyalut bahagian bawah dengan sekata, dan masak sehingga set. Balikkan dan masak sebelah lagi sebentar.
d) Teruskan membuat krep dengan adunan yang tinggal.
e) Untuk pengisian, gabungkan rhubarb yang dicincang, keju ricotta, gula tepung, dan ekstrak vanila.
f) Sudukan inti pada setiap krep dan lipatkannya.
g) Hidangkan rhubarb dan ricotta crepes anda dengan taburan gula tepung.

## 18.Donat Strawberi Rhubarb salai

**BAHAN-BAHAN:**

- 2 cawan Tepung GF (Namaste Foods)
- 1/2 cawan GF rolled oat (Trader Joe's)
- 2.5 sudu teh Serbuk Penaik
- 1/2 sudu teh Baking Soda
- 1/2 sudu teh Garam
- 1 sudu teh buah pelaga
- 1/2 sudu teh Kayu Manis
- 1/3 cawan Minyak Kelapa cair
- 3/4 cawan Sirap Maple Tulen
- 1 biji telur besar (McIntyre Pastures)
- 1 sudu teh Vanila
- 1/3 cawan santan
- 2 sudu kecil kulit lemon
- 2 cawan Rhubarb dipotong dadu (1/2 inci dipotong dadu)
- 1 cawan strawberi organik dipotong dadu
- 1/2 cawan hirisan badam

**ARAHAN:**

a) Panaskan Traeger hingga 350 darjah dan letakkan rhubarb dan strawberi di dalamnya selama 20 minit.
b) Panaskan ketuhar hingga 350 darjah.
c) Dalam mangkuk sederhana, masukkan tepung, oat, serbuk penaik, soda penaik, garam, dan rempah ratus. Gaul sebati.
d) Masukkan telur, minyak kelapa cair, sirap maple, vanila, susu, dan kulit limau. Kacau hingga sebati.
e) Masukkan rhubarb salai dan strawberi ke dalam adunan dan kacau. Sudukan adunan pekat ke dalam loyang donat yang telah digris dengan baik.
f) Taburkan bahagian atas dengan badam.
g) Bakar selama 20-25 minit. Semak kematangan dengan memasukkan lidi atau pisau kecil ke tengah; jika ia keluar bersih, mereka sudah selesai. Biarkan mereka sejuk.
h) Dengan menggunakan pisau, longgarkan tepi donat untuk melepaskannya.

# KUDAPAN

# 19. Rhubarb Cranberry Cookies

**BAHAN-BAHAN:**

- 1 cawan mentega, dilembutkan
- 1 cawan gula perang yang dibungkus
- ½ cawan gula
- 2 biji telur
- 1 sudu teh ekstrak vanila
- 1-½ cawan tepung serba guna
- 1 sudu teh baking soda
- ½ sudu teh garam
- ½ sudu teh kayu manis tanah
- 2-½ cawan oat kuno
- 1-½ cawan rhubarb beku yang dipotong dadu
- 1 cawan vanila atau kerepek putih
- 1 cawan cranberry kering
- 4 auns coklat pembakar putih, dicincang

**ARAHAN:**

a) Dalam mangkuk besar, pukul gula dan mentega sehingga kembang dan ringan. Pukul dalam vanila dan telur. Satukan baking soda, tepung, kayu manis, dan garam; masukkan ke dalam adunan berkrim secara beransur-ansur dan kacau sebati. Campurkan rhubarb, oat, cranberry, dan kerepek.

b) Pada helaian pembakar beralas kertas parchment, titiskan dengan sesudu besar dengan jarak 2 inci. Bakar pada suhu 350 ° selama lebih kurang 10 hingga 12 minit atau sehingga set. Bawa ke rak dawai untuk disejukkan.

c) Dalam ketuhar gelombang mikro, cairkan coklat putih; kacau hingga rata. Gerimis di atas biskut; biarkan berehat sehingga set. Letakkan dalam bekas kedap udara untuk disimpan.

## 20.Rhubarb dan Bar Almond

**BAHAN-BAHAN:**

- 1 1/2 cawan oat gulung
- 1/2 cawan tepung serba guna
- 1/2 cawan rhubarb yang dicincang
- 1/4 cawan hirisan badam
- 1/4 cawan madu
- 1/4 cawan mentega cair
- 1/2 sudu teh ekstrak vanila

**ARAHAN:**

a) Panaskan ketuhar anda hingga 350°F (175°C) dan griskan loyang.
b) Dalam mangkuk besar, gabungkan oat yang digulung, tepung serba guna, ketumbar cincang dan badam yang dihiris.
c) Dalam mangkuk yang berasingan, campurkan madu, mentega cair, dan ekstrak vanila.
d) Tuangkan bahan basah ke dalam bahan kering dan kacau sehingga sebati.
e) Tekan adunan tadi ke dalam loyang yang telah disediakan.
f) Bakar selama 20-25 minit atau sehingga bar berwarna keemasan sedikit.
g) Biarkan ia sejuk sebelum dipotong menjadi bar sarapan.

# 21.Dataran Rhubarb

**BAHAN-BAHAN:**

- 1-½ cawan tepung serba guna
- 3 sudu besar gula
- ¾ cawan mentega

**PENGISIAN:**

- 3 sudu besar tepung serba guna
- ¾ cawan krim putar berat
- 2 cawan gula, dibahagikan
- 4 biji telur besar, diasingkan
- 2 sudu teh ekstrak vanila
- 5 cawan rhubarb potong dadu

**ARAHAN:**

a) Campurkan gula dan tepung; potong mentega ke dalam adunan tepung hingga lumat. Pindahkan kerak ke dalam loyang 13x9 inci. Bakar selama 10 minit pada suhu 350 °. Biarkan sejuk sedikit.

b) Untuk membuat inti, pukul krim dan tepung dalam mangkuk sehingga sebati, masukkan kuning telur dan 1 ¼ cawan gula sehingga sebati. Lipat dalam rhubarb dan vanila. Pindahkan inti ke kerak yang dibakar. Bakar selama 55 hingga 60 minit pada suhu 325 ° sehingga pisau tajam keluar bersih apabila dimasukkan dari tengah.

c) Sementara itu, pukul putih telur sehingga kaku untuk membuat meringue. Pukul dalam baki gula sehingga puncak kaku terbentuk. Keluarkan kek dari ketuhar. Sapukan meringue dengan serta-merta di atas dan panggang perlahan.

## 22.Rhubarb Shortcakes

**BAHAN-BAHAN:**

- 2 cawan tepung serba guna
- ¼ cawan gula pasir
- 1 sudu besar serbuk penaik
- ½ sudu teh garam
- ½ cawan mentega tanpa garam, sejuk dan kiub
- ¾ cawan mentega
- 1 sudu teh ekstrak vanila
- 2 cawan rhubarb dicincang
- 1 cawan beri campuran (seperti strawberi, raspberi atau beri biru)
- Krim putar, untuk dihidangkan

**ARAHAN:**

a) Panaskan ketuhar anda hingga 425°F (220°C).

b) Dalam mangkuk besar, pukul bersama tepung, gula, serbuk penaik, dan garam.

c) Masukkan mentega kiub sejuk ke dalam bahan kering. Gunakan pemotong pastri atau jari anda untuk memotong mentega ke dalam adunan tepung sehingga ia menyerupai serbuk kasar.

d) Buat perigi di tengah campuran dan tuangkan susu mentega dan ekstrak vanila. Kacau sehingga sebati sahaja.

e) Balikkan doh ke atas permukaan tepung dan uli perlahan-lahan beberapa kali sehingga sebati.

f) Tepuk doh menjadi bulat setebal 1 inci dan potong kek pendek menggunakan pemotong biskut.

g) Letakkan kek pendek di atas loyang yang dialas dengan kertas parchment.

h) Bakar selama 12-15 minit atau sehingga perang keemasan.

i) Keluarkan dari ketuhar dan biarkan ia sejuk sedikit.

j) Dalam periuk, gabungkan rhubarb yang dicincang dan beri campuran. Masak dengan api sederhana sehingga rhubarb lembut dan beri mengeluarkan jusnya.

k) Potong kek pendek separuh secara melintang. Isikan mereka dengan campuran rhubarb-berry. Teratas dengan krim putar dan letakkan separuh lagi kek pendek di atas.

l) Hidangkan dan nikmati!

## 23.Muffin Sos Epal-Rhubarb

**BAHAN-BAHAN:**

- 2 cawan Tepung Serbaguna
- 1 cawan Tepung Gandum Penuh
- 2 sudu teh serbuk penaik
- 2 sudu teh Kayu Manis Kisar
- ½ sudu teh Baking Soda
- ½ sudu teh Garam
- 2 biji telur
- 1⅓ cawan Gula Perang Bungkus
- 1⅓ cawan sos epal
- ½ cawan Minyak
- 1½ cawan Rhubarb yang dicincang

**ARAHAN:**

a) Panaskan ketuhar anda hingga 400°F (200°C). Minyakkan sedikit cawan muffin 3 inci atau alaskannya dengan cawan muffin kertas.

b) Dalam mangkuk adunan, ayak bersama Tepung Serbaguna, Tepung Gandum Penuh, Serbuk Penaik, Kayu Manis Kisar, Soda Penaik dan Garam. Buat perigi di tengah bahan kering dan ketepikan mangkuk ini.

c) Dalam mangkuk adunan yang berasingan, pukul telur sehingga sebati.

d) Masukkan gula perang yang dibungkus, sos epal, dan minyak ke dalam telur yang dipukul. Teruskan pukul sehingga semua bahan sebati.

e) Kacau adunan telur ke dalam bancuhan tepung sehingga basah. Adalah penting untuk tidak terlalu bercampur; adunan hendaklah kekal agak berketul.

f) Perlahan-lahan lipat rhubarb yang dicincang ke dalam adunan.

g) Isikan cawan muffin yang disediakan lebih kurang ⅔ penuh dengan adunan.

h) Bakar dalam ketuhar yang telah dipanaskan selama 18-20 minit atau sehingga bahagian atas muffin bertukar menjadi keemasan.

i) Keluarkan mufin dari ketuhar dan biarkan ia sejuk selama kira-kira 10 minit dalam kuali muffin.

j) Selepas ia sejuk sedikit, anda boleh mengeluarkan muffin dari kuali.

# 24.Bar Kelapa Rhubarb

**BAHAN-BAHAN:**

**UNTUK KERAK:**

- 1 cawan Tepung
- ½ cawan Mentega atau Marjerin
- 1 sudu teh Serbuk Penaik
- 1 biji telur
- 1 sudu teh Susu

**UNTUK PENGISIAN:**

- 2 cawan Rhubarb, potong 1 inci
- 2 sudu besar Air
- ⅓ cawan Gula
- 1 sudu besar Tepung jagung
- 2 sudu besar Air Sejuk

**UNTUK TOPPING:**

- 1 cawan Gula
- ½ cawan Mentega atau Marjerin
- 1 sudu teh Vanila
- 1 biji telur
- 2 cawan Kelapa Parut

**ARAHAN:**

**UNTUK PENGISIAN:**

a) Basuh dan potong rhubarb.

b) Satukan rhubarb, gula, dan 2 sudu besar air dalam periuk kecil.

c) Masak dengan api sederhana sehingga ketupat menjadi pekat, kacau sekali-sekala untuk mengelakkan hangus.

d) Apabila rhubarb masak, campurkan tepung jagung dan air sejuk. Masukkan campuran ini ke dalam rhubarb dan masak sehingga sos menjadi bersih dan pekat. Ketepikan untuk sejuk.

**UNTUK KERAK:**

e) Panaskan ketuhar hingga 350°F (175°C) dan griskan kuali persegi 8 inci.

f) Dalam mangkuk sederhana, ayak bersama tepung dan serbuk penaik.

g) Potong mentega sehingga adunan menyerupai serbuk kasar.

h) Pukul telur dan susu bersama, kemudian kacau adunan ini ke dalam adunan tepung sehingga sebati.

i) Tepuk adunan kerak ke bahagian bawah loyang yang telah digris.

**UNTUK TOPPING:**

j) Campurkan gula dan mentega.

k) Pukul dalam vanila dan telur.

l) Masukkan kelapa parut tadi.

**MEMASANG DAN MEMBAKAR:**

m) Tuangkan sos rhubarb yang telah disejukkan ke atas kerak.

n) Sapukan topping kelapa secara rata ke atas sos ketupat.

o) Bakar pada suhu 350°F (175°C) selama 30 minit, atau sehingga bahagian atas berwarna perang keemasan.

p) Sejukkan bar ke suhu bilik sebelum dipotong.

q) Nikmati Bar Kelapa Rhubarb anda! Bar ini menggabungkan rasa pedas rhubarb dengan kekayaan manis kelapa untuk hidangan yang menyenangkan.

## 25.Rhubarb dan Keju Kambing Crostini

**BAHAN-BAHAN:**

- Kepingan baguette, dibakar
- 4 oz keju kambing
- 1 cawan rhubarb cincang
- 2 sudu besar madu
- Daun thyme segar untuk hiasan

**ARAHAN:**

a) Sapukan keju kambing ke atas hirisan baguette yang telah dibakar.

b) Dalam kuali, tumis rhubarb yang dicincang dengan madu sehingga ia lembut dan menjadi karamel.

c) Teratas setiap kepingan baguette dengan campuran rhubarb.

d) Hiaskan dengan daun thyme segar.

## 26.Rhubarb dan Brie Quesadillas

**BAHAN-BAHAN:**

- Tortilla tepung
- Keju Brie, dihiris
- 1 cawan rhubarb cincang
- 2 sudu besar gula merah
- Mentega untuk memasak

**ARAHAN:**

a) Dalam kuali, masak rhubarb yang dicincang dengan gula perang sehingga ia lembut.
b) Letakkan kepingan Brie pada separuh daripada tortilla tepung.
c) Sudukan rhubarb yang telah dimasak ke atas Brie.
d) Lipat tortilla separuh dan tekan perlahan-lahan.
e) Dalam kuali yang berasingan, cairkan mentega dengan api sederhana dan masak quesadilla sehingga ia berwarna perang keemasan di kedua-dua belah pihak.
f) Hiris dan hidangkan.

# 27.Rhubarb Bruschetta

**BAHAN-BAHAN:**

- Kepingan baguette, dibakar
- 1 1/2 cawan rhubarb dicincang
- 1/2 cawan strawberi, potong dadu
- 2 sudu besar cuka balsamic
- 1 sudu besar madu
- Daun selasih segar untuk hiasan

**ARAHAN:**

a) Dalam mangkuk, gabungkan rhubarb yang dicincang, strawberi potong dadu, cuka balsamic, dan madu.

b) Sendukkan adunan rhubarb ke atas hirisan baguette yang telah dibakar.

c) Hiaskan dengan daun selasih segar.

## 28.Rhubarb dan Feta Phyllo Triangles

**BAHAN-BAHAN:**

- Lembaran doh Phyllo
- 1 cawan keju feta hancur
- 1 cawan rhubarb cincang
- 2 sudu besar madu
- Mentega cair

**ARAHAN:**

a) Panaskan ketuhar anda hingga 350°F (175°C).
b) Letakkan sehelai doh phyllo dan sapu dengan mentega cair.
c) Letakkan helaian lain di atas dan ulangi proses sehingga anda mempunyai 3-4 lapisan.
d) Potong kepingan phyllo berlapis menjadi empat segi.
e) Dalam mangkuk, gabungkan keju feta yang telah hancur, rhubarb yang dicincang, dan madu.
f) Letakkan satu sudu campuran rhubarb di tengah setiap petak.
g) Lipat segi empat sama menjadi segi tiga dan tutup tepi.
h) Letakkan di atas loyang dan bakar selama kira-kira 15-20 minit, atau sehingga ia berwarna perang keemasan.

## 29.Rhubarb dan Jalapeños Sumbat Keju Krim

**BAHAN-BAHAN:**

- Lada jalapeno, dibelah dua dan dibiji
- Keju krim
- Rhubarb yang dicincang
- hirisan bacon

**ARAHAN:**

a) Panaskan ketuhar anda hingga 350°F (175°C).
b) Isikan setiap separuh jalapeño dengan satu sudu keju krim dan rhubarb cincang.
c) Balut sekeping bacon di sekeliling setiap separuh jalapeño yang disumbat.
d) Selamat dengan pencungkil gigi.
e) Bakar dalam ketuhar sehingga bacon garing dan lada lembut.

# 30.Gigitan Pastri Puff Ringkas dan Rhubarb

**BAHAN-BAHAN:**

- Lembaran pastri puff, dicairkan
- Keju Brie, potong kiub kecil
- Rhubarb yang dicincang
- Sayang
- Daun thyme segar untuk hiasan

**ARAHAN:**

a) Panaskan ketuhar anda kepada 375°F (190°C).
b) Potong kepingan pastri puff menjadi segi empat sama atau segi empat tepat.
c) Letakkan kiub keju Brie dan sedikit ketumbar cincang pada setiap keping pastri.
d) Siram dengan madu.
e) Bakar sehingga pastri keemasan dan Brie cair.
f) Hiaskan dengan daun thyme segar sebelum dihidangkan.

## 31. Pai Tangan Strawberi Rhubarb

**BAHAN-BAHAN:**

**UNTUK doh:**

- 2 1/2 cawan tepung serba guna
- 2 sudu besar gula pasir
- 1/2 sudu teh garam
- 1 cawan mentega tanpa garam, sejuk dan kiub
- 6-8 sudu besar air sejuk ais

**UNTUK PENGISIAN:**

- 1 1/2 cawan strawberi segar, dikupas dan dicincang
- 1 1/2 cawan rhubarb, dicincang
- 1/2 cawan gula pasir
- 2 sudu besar tepung jagung
- 1 sudu kecil kulit lemon
- 1 sudu besar jus lemon

**UNTUK PERHIMPUNAN:**

- 1 biji telur, dipukul (untuk cucian telur)
- Gula kasar (untuk taburan)

**ARAHAN:**

**UNTUK doh:**

a) Dalam mangkuk besar, pukul bersama tepung, gula dan garam.

b) Masukkan mentega sejuk, potong dadu dan gunakan pemotong pastri atau jari anda untuk memasukkannya ke dalam adunan tepung sehingga ia menyerupai serbuk kasar.

c) Perlahan-lahan masukkan air ais sejuk, 1 sudu pada satu masa, dan gaul sehingga doh sebati.

d) Bahagikan doh kepada dua bahagian yang sama, bentuk setiap satu ke dalam cakera, bungkus dalam bungkus plastik, dan sejukkan selama sekurang-kurangnya 30 minit.

**UNTUK PENGISIAN:**

e) Dalam mangkuk sederhana, gabungkan strawberi cincang, rhubarb, gula pasir, tepung jagung, kulit limau dan jus lemon. Gaul rata dan ketepikan.

**UNTUK MEMASANG:**

f) Panaskan ketuhar anda kepada 375°F (190°C) dan alaskan loyang dengan kertas parchment.

g) Pada permukaan yang ditaburkan sedikit tepung, gulungkan salah satu cakera doh kepada ketebalan kira-kira 1/8 inci.

h) Gunakan pemotong biskut bulat atau mangkuk kecil untuk memotong bulatan untuk pai tangan. Gulung semula sekerap mengikut keperluan untuk menggunakan semua doh.
i) Letakkan satu sudu isi strawberry-rhubarb pada separuh daripada setiap bulatan doh, tinggalkan sempadan kecil di sekeliling tepi.
j) Sapu tepi doh dengan sedikit air dan lipat separuh lagi doh ke atas inti untuk membentuk bentuk separuh bulan.
k) Tekan tepi bersama-sama untuk mengelak, dan gunakan garpu untuk mengelimkan tepi untuk kemasan hiasan.
l) Letakkan pai tangan pada lembaran pembakar yang disediakan.
m) Sapu bahagian atas pai tangan dengan telur yang dipukul dan taburkan dengan gula kasar untuk kemasan keemasan yang bagus.
n) Potong celah kecil di bahagian atas setiap pai tangan untuk membolehkan wap keluar.
o) Bakar selama 20-25 minit atau sehingga pai tangan berwarna perang keemasan.
p) Biarkan pai tangan sejuk sedikit sebelum dihidangkan. Nikmati pai tangan Strawberry Rhubarb buatan sendiri anda!

## 32.Kulit Rhubarb

**BAHAN-BAHAN:**

- 4 cawan rhubarb segar, dicincang
- 1/2 cawan gula (sesuai selera)
- 1 sudu teh jus lemon (pilihan, untuk rasa)

**ARAHAN:**

a) Basuh dan potong rhubarb menjadi kepingan kecil. Jika rhubarb sangat berserabut, anda boleh mengupasnya untuk menjadikan kulit lebih licin.

b) Letakkan rhubarb yang dicincang dalam periuk bersama dengan gula. Anda boleh melaraskan kuantiti gula bergantung pada kemanisan kulit yang anda inginkan. Jika rhubarb anda sangat masam, anda mungkin perlu menggunakan lebih banyak gula.

c) Tambah jus lemon jika dikehendaki; ia boleh meningkatkan rasa dan membantu mengimbangi kepahitan.

d) Panaskan campuran rhubarb di atas api yang rendah hingga sederhana, kacau sekali-sekala, sehingga rhubarb lembut dan pecah menjadi sos. Ini biasanya mengambil masa kira-kira 10-15 minit.

e) Setelah rhubarb lembut dan masak dengan baik, gunakan pengisar rendaman atau pengisar biasa untuk memurnikan adunan sehingga licin.

f) Panaskan ketuhar anda pada tetapan paling rendah (biasanya sekitar 140-170°F atau 60-75°C).

g) Alaskan loyang dengan kertas minyak atau alas pembakar silikon. Pastikan helaian cukup besar untuk menyebarkan campuran rhubarb ke dalam lapisan nipis.

h) Tuangkan campuran rhubarb puri ke atas loyang yang disediakan dan gunakan spatula untuk meratakannya. Ia mestilah kira-kira 1/8 inci tebal.

i) Letakkan lembaran pembakar di dalam ketuhar yang telah dipanaskan dan topang pintu ketuhar terbuka sedikit dengan sudu kayu atau objek yang selamat untuk ketuhar untuk membolehkan kelembapan keluar. Ini membantu proses pengeringan.

j) Biarkan kulit rhubarb kering di dalam ketuhar selama 4-6 jam, atau sehingga ia menjadi pepejal dan melekat tetapi tidak basah apabila disentuh. Masa pengeringan mungkin berbeza-beza bergantung pada ketuhar anda dan ketebalan campuran.

k) Keluarkan loyang dari ketuhar dan biarkan kulit rhubarb sejuk sepenuhnya.
l) Setelah sejuk, kupas kulit dari kertas parchment dengan teliti dan potong menjadi jalur atau bentuk.
m) Gulungkan jalur atau bentuk dalam kertas kertas, dan ia sedia untuk disimpan. Anda boleh menyimpannya dalam bekas kedap udara atau bungkus plastik untuk memastikan ia segar.
n) Nikmati kulit rhubarb buatan sendiri anda sebagai snek yang manis dan masam!

## 33. Kek Snek Rhubarb

**BAHAN-BAHAN:**

- 3 tangkai besar rhubarb
- 1/2 cawan mentega tanpa garam, pada suhu bilik
- 1 cawan gula pasir
- 1/2 cawan gula perang ringan
- 3 biji telur besar
- 2 sudu teh ekstrak vanila
- 13/4 cawan tepung serba guna
- 1/2 sudu teh baking soda
- 1/2 sudu teh garam
- 2/3 cawan krim masam
- Gula pasir, seperti yang diperlukan untuk penamat

**ARAHAN:**

a) Panaskan ketuhar hingga 350°F. Griskan 6 loyang roti mini dengan mentega atau semburan nonstick.
b) Potong rhubarb supaya muat dengan kemas di dalam kuali roti, melintasi bahagian yang lebih pendek. Lebar 2 1/2 inci adalah saiz yang baik. Anda memerlukan kira-kira 6 keping setiap kuali, dan ia harus menutup kuali hampir sepanjang jalan.
c) Dalam mangkuk pengadun elektrik, krim mentega, gula pasir, dan gula perang ringan sehingga adunan ringan dan gebu, yang sepatutnya mengambil masa kira-kira 4-5 minit.
d) Masukkan telur secara beransur-ansur ke dalam campuran, mengikis bahagian tepi dengan baik selepas setiap penambahan. Campurkan ekstrak vanila.
e) Dalam mangkuk sederhana, pukul tepung serba guna, soda penaik, dan garam bersama-sama untuk menggabungkan. Masukkan separuh adunan tepung ke dalam mixer dan gaul sehingga sebati.
f) Masukkan krim masam ke dalam pengadun dan gaul sehingga sebati. Kemudian, masukkan baki separuh adunan tepung dan gaul sehingga sebati.
g) Bahagikan adunan sama rata antara kuali yang disediakan. Atas setiap satu dengan jalur rhubarb, tekan sedikit ke dalam adunan supaya ia muat dengan selesa.
h) Taburkan sedikit gula pasir di atas rhubarb dalam setiap kuali. Bakar kek sehingga pencungkil gigi yang dimasukkan ke dalam bahagian tengah keluar bersih, yang sepatutnya mengambil masa 35-45 minit. Jika kuali anda adalah seramik atau logam, biarkan kek sejuk selama 10-15 minit di dalam kuali, kemudian terbalikkan ke atas rak penyejuk untuk menyejukkan sepenuhnya. Jika kuali boleh guna, biarkan kek sejuk sepenuhnya di dalam kuali.

## 34.Strawberry Rhubarb Oat Bar

Jumlah Masa: 55 minit

**BAHAN-BAHAN:**

**TOPPING RHUBARB STRAWBERI:**

- 2 cawan rhubarb yang dicincang kasar
- 2 cawan strawberi segar, dibelah empat dan dikupas (strawberi beku juga akan berfungsi)
- 2 sudu besar madu
- 1 sudu besar jus lemon

**KERAK OAT:**

- 1.5 cawan oat masak cepat
- 1 cawan tepung ejaan
- 1/2 cawan minyak kelapa pejal
- 2-4 sudu besar madu

**ARAHAN:**

**UNTUK TOPPING:**

a) Letakkan periuk sederhana di atas api sederhana dan tambah kepingan rhubarb, kepingan strawberi, dan madu. Masak, kacau sekali-sekala, selama 15-20 minit atau sehingga rhubarb dan strawberi menjadi lembut.

b) Angkat dari api, campurkan dengan jus lemon, dan ketepikan.

**UNTUK BAR:**

c) Sementara itu, griskan loyang bersaiz 9" x 13" (lapik bahagian bawah dan sisi panjang dengan kertas parchment tambahan untuk menghasilkan anduh supaya mudah dikeluarkan) dan panaskan ketuhar hingga 350°F (175°C).

d) Campurkan bersama oat, tepung, minyak kelapa, dan madu sehingga membentuk tekstur seperti serbuk. Menggunakan tangan anda mungkin berfungsi dengan baik. Tekan adunan tadi ke dalam loyang yang telah digris.

e) Teratas adunan oat dalam kuali dengan adunan rhubarb strawberi.

f) Bakar selama 25-30 minit.

g) Biarkan ia sejuk sedikit dalam kuali jika dihidangkan segera.

h) Bar ini akan disimpan selama 3-5 hari apabila dibungkus rapat di dalam peti sejuk. Nikmati Bar Oat Strawberi Rhubarb Anda yang Lebih Sihat!

# HIDANGAN UTAMA

# 35.Babi Panggang Rhubarb

**BAHAN-BAHAN:**

- 1 daging babi panggang tanpa tulang (kira-kira 3 paun)
- 2 ulas bawang putih, dikisar
- 1 sudu teh rosemary kering, dihancurkan
- ½ sudu teh perasa ayam
- 2 cawan rhubarb segar atau beku yang dipotong dadu, dicairkan dan toskan
- ⅓ cawan madu
- ¼ cawan cuka sider
- 6 ulas keseluruhan
- ¾ sudu teh mustard kisar
- ½ sudu teh garam

**ARAHAN:**

a) Gosok panggang dengan perasa ayam, rosemary, dan bawang putih; letakkan panggang di atas rak yang telah digris dalam kuali pembakar, letakkan lemak di atas. Bakar tanpa penutup selama 1 ¼ jam pada suhu 350 °.

b) Sementara itu, campurkan dan rebus lebihan bahan dalam periuk.

c) Kecilkan api dan reneh selama 10 minit; letakkan ½ pada panggang.

d) Bakar sehingga termometer membaca 160 ° selama 45 minit, taburkan dengan sisa sos rhubarb. Berdiri selama 10 minit kemudian potong.

e) Campurkan sisa sos dan titisan kuali jika dikehendaki; hidangkan bersama panggang.

# 36.Tenggiri dengan Rhubarb

**BAHAN-BAHAN:**

- 2 paun Ikan Tenggiri
- 2 auns Marjerin (atau mentega)
- 1 Bawang Besar, dihiris
- ½ paun Rhubarb, dicincang
- Lada dan Garam, secukup rasa
- Serbuk Roti Bakar
- 1 paun Rhubarb (untuk sos)
- 2 sudu besar Gula (untuk sos)
- Kulit Limau Parut (untuk sos)
- 2 sudu besar Air (untuk sos)

**ARAHAN:**

**SEDIAKAN PENGISIAN:**

a) Dalam kuali, cairkan marjerin (atau mentega) dan tumis bawang cincang sehingga ia menjadi lutsinar.

b) Masukkan rhubarb yang dicincang ke dalam kuali dan perasakan dengan lada sulah dan garam. Teruskan masak perlahan-lahan selama kira-kira 5 minit, atau sehingga rhubarb lembut.

c) Masukkan serbuk roti bakar hingga adunan sebati. Ini akan menjadi pemadat anda.

d) Bentangkan isi ikan tenggiri rata dengan bahagian kulit di bawah. Sapukan pemadat yang disediakan secara merata ke atas setiap fillet.

e) Gulung setiap isi ikan tenggiri dengan isian di dalamnya. Letakkan fillet yang telah digulung dalam pinggan ketuhar yang telah digris.

f) Masak ikan tenggiri dalam ketuhar sederhana pada suhu 400°F (200°C) selama 15-20 minit, atau sehingga ikan masak dan mudah mengelupas.

**SEDIAKAN SOS RHUBARB:**

g) Semasa ikan masak, buat sos ketupat. Dalam periuk, satukan baki 1 paun rhubarb, gula, kulit limau parut, dan air.

h) Rebus bahan-bahan sehingga ketupat masak dan agak lembut, yang akan mengambil masa kira-kira 10 minit atau lebih lama.

i) Setelah ketupat masak, letakkannya melalui ayak halus atau gunakan pengisar untuk membuat puri halus.

j) Hidangkan ikan tenggiri yang dimasak panas-panas, diiringi dengan sos ketupat. Anda juga boleh menghidangkan sos sejuk jika anda suka.

k) Nikmati Mackerel anda yang unik dan berperisa dengan hidangan Rhubarb!

## 37. Sup Bayam-Rhubarb

**BAHAN-BAHAN:**

- ¾ paun rhubarb, dibersihkan dan dipotong menjadi kepingan 1 inci
- Pek 10 auns bayam segar atau sorrel, dibilas dengan baik
- 1 sudu besar garam
- 4 cawan air
- 1 biji telur besar (pilihan)
- ½ cawan krim masam atau yogurt
- 2 biji daun bawang dihiris
- 1 biji timun dikupas dan dipotong dadu
- 4 lobak

**ARAHAN:**

a) Dalam periuk, renehkan rhubarb, ditutup dengan air, selama kira-kira 20 minit atau sehingga ia menjadi lembut. Kemudian, longkang.

b) Dalam periuk yang sama, gabungkan bayam (atau sorrel), rhubarb yang dimasak, garam, dan air. Didihkan, kemudian tutup dan reneh selama kira-kira 5 minit. Biarkan ia sejuk sedikit.

c) Jika mahu, pukul telur dan lipat perlahan-lahan ke dalam sup. (Nota: Telur adalah tradisional tetapi boleh ditinggalkan jika lebih suka.)

d) Sejukkan sup selama beberapa jam untuk membenarkan rasa bercampur.

e) Hidangkan sup dengan sedikit krim masam atau yogurt, dan hiaskan dengan daun bawang yang dihiris, timun potong dadu, dan lobak.

# 38.Udang Rhubarb Masam Manis

**BAHAN-BAHAN:**

- 1 paun udang mentah Jumbo, dibuang kulitnya
- Garam, secukup rasa
- Lada hitam yang baru dikisar, secukup rasa
- 1 sudu besar Minyak sayuran
- ½ cawan bawang besar dipotong dadu
- 2 sudu besar Halia parut
- 1 sudu besar bawang putih dihiris halus
- 2 lada cili api Thai kering keseluruhan
- 1 cawan batang rhubarb yang dihiris halus
- 2 sudu besar Sirap tebu
- ½ cawan air rebusan ayam
- 1 sudu besar Tepung jagung, dilarutkan dalam 1 sudu besar air sejuk

**ARAHAN:**

a) Perasakan udang dengan garam dan lada sulah.

b) Letakkan kuali besar di atas dapur dan panaskan minyak sayuran.

c) Masukkan bawang besar yang dipotong dadu dan masak hingga keperangan.

d) Masukkan halia parut, bawang putih yang dicincang halus, dan cili api Thai kering, dan gaul rata.

e) Masukkan udang perasa ke dalam adunan bawang yang telah dimasak dan tumis selama kira-kira 2 minit sehingga udang mula bertukar merah jambu.

f) Masukkan rhubarb yang telah didadu halus ke dalam udang dan kacau hingga sebati.

g) Tuangkan sirap tebu dan air rebusan ayam. Teruskan memasak selama kira-kira 3 minit, membenarkan rasa bercampur dan ketumbar menjadi lembut.

h) Dalam mangkuk kecil, larutkan tepung jagung dalam air sejuk untuk membuat buburan.

i) Tuangkan buburan tepung jagung secara beransur-ansur ke dalam kuali sambil dikacau berterusan. Ini akan membantu memekatkan sos.

j) Teruskan masak selama satu minit lagi atau sehingga sos pekat mengikut citarasa anda.

k) Hidangkan udang halia ketupat masam manis anda dengan nasi basmati dan bok choy kukus.

# 39.Ladu Rhubarb

**BAHAN-BAHAN:**

**UNTUK SOS:**

- 1½ cawan Gula
- 1½ cawan Air
- 1 cawan Tepung
- ⅓ cawan Mentega
- ¼ sudu teh Kayu Manis
- 1 sudu teh Vanila
- ¼ sudu teh Garam
- 1 secubit Pewarna Makanan Merah

**UNTUK doh:**

- 2 cawan Tepung
- ¼ sudu teh Garam
- 2 sudu besar Gula
- 2½ sudu besar Mentega Sejuk
- 2 sudu teh serbuk penaik
- ½ cawan susu (mungkin memerlukan sehingga ¾ cawan)
- 2 sudu besar Mentega, dilembutkan

**UNTUK PENGISIAN:**

- ½ cawan Gula
- 2 cawan Rhubarb Dicincang Halus
- Kayu manis (untuk habuk)

**ARAHAN:**

**UNTUK SOS:**

a) Panaskan ketuhar hingga 350°F (175°C).

b) Dalam periuk kecil, satukan gula, tepung, kayu manis, dan garam.

c) Campurkan air secara beransur-ansur dan masukkan mentega.

d) Didihkan dengan api besar dan masak selama 1 minit.

e) Masukkan vanila dan, jika dikehendaki, sedikit pewarna makanan merah untuk mewarnakannya merah jambu gelap.

f) Biarkan sos sejuk.

**UNTUK doh:**

g) Dalam mangkuk adunan sederhana atau pemproses makanan, satukan tepung, gula, serbuk penaik dan garam.

h) Potong atau proses dalam mentega sejuk sehingga adunan menyerupai butir jagung kecil.

i) Masukkan susu dan kacau dengan cepat.

j) Canai doh ke atas permukaan yang ditaburkan dengan tepung sehingga segi empat tepat 12 x 10 inci.

k) Sapukan mentega lembut ke atas doh, kemudian susun rhubarb yang telah dicincang di atasnya.

l) Taburkan gula ke seluruh rhubarb dan taburkan dengan banyak kayu manis.

m) Gulungkan doh dari bahagian yang panjang dan letakkan di atas papan pemotong, jahitan bahagian bawah.

n) Potong gulung kepada 12 bahagian.

o) Susun hirisan bahagian atas dalam loyang kaca rata 3 liter yang telah diminyaki.

p) Tuangkan sos yang telah disejukkan ke atas.

q) Bakar selama 35 minit, atau sehingga ladu kembang dan perang keemasan.

r) Hidangkan dengan krim jika mahu.

s) Nikmati Ladu Rhubarb yang lazat!

## 40.Salad Rhubarb dan Melon

**BAHAN-BAHAN:**

- 400 gram rhubarb, dipotong menjadi kepingan
- 150 ml gula pasir
- 150 ml wain putih
- 500 gram tembikai pelbagai jenis, dibentuk menjadi bebola
- 200g ceri segar, dibelah dua, dibuang batu
- 120g raspberi
- Daun pudina segar
- Batang lemon (untuk hidangan)

**ARAHAN:**

a) Dalam periuk, gabungkan kepingan rhubarb dengan gula pasir dan wain putih. Panaskan adunan di atas api perlahan, biarkan rhubarb lembut lembut dan cair.

b) Keluarkan periuk dari api dan biarkan campuran rhubarb sejuk. Sejukkan dalam peti ais.

c) Semasa campuran rhubarb menyejukkan, sediakan tembikai dengan membentuknya menjadi bebola atau memotongnya menjadi kepingan bersaiz gigitan.

d) Setelah campuran rhubarb telah sejuk, masukkan tembikai, raspberi, ceri, dan daun pudina yang dicincang halus ke dalam periuk.

e) Campurkan semuanya dengan lembut.

f) Kembalikan salad ke dalam peti sejuk dan biarkan ia sejuk selama beberapa jam, membenarkan rasa bercampur.

g) Apabila sedia untuk dihidangkan, bahagikan salad ke dalam mangkuk kecil dan hiaskan setiap hidangan dengan daun pudina segar.

h) Hidangkan salad rhubarb dan tembikai dengan batang lemon di sisi untuk sentuhan yang menyegarkan.

i) Nikmati salad rhubarb dan tembikai yang lazat dan menyegarkan ini!

# 41.Sup Rhubarb Sejuk

**BAHAN-BAHAN:**

- 1 pain Strawberi Segar
- 3 cawan Rhubarb Segar atau Beku yang dihiris (keping ½ inci)
- 1¼ cawan Jus Oren
- ½ hingga 1 cawan Gula (sesuaikan dengan rasa)
- Hirisan Oren, Hirisan Buah Kiwi dan/atau Strawberi Tambahan untuk hiasan (pilihan)

**ARAHAN:**

a) Dalam periuk 3 liter, gabungkan strawberi segar, hirisan rhubarb dan jus oren. Didihkan adunan.

b) Setelah mendidih, kecilkan api hingga mendidih, tutup periuk, dan biarkan masak selama kira-kira 10 minit.

c) Keluarkan periuk dari api dan kacau gula mengikut tahap kemanisan anda.

d) Menggunakan pengisar atau pemproses makanan, campurkan separuh daripada campuran buah pada satu masa sehingga anda mencapai konsistensi yang licin. Berhati-hati apabila mengadun cecair panas; biarkan ia sejuk sedikit sebelum sebati.

e) Selepas sebati, pindahkan adunan ke dalam mangkuk dan sejukkan sehingga sejuk.

f) Untuk menghidangkan, sendukkan sup sejuk ke dalam mangkuk sup individu.

g) Jika dikehendaki, hiaskan sup dengan hirisan oren, buah kiwi dan/atau strawberi tambahan untuk sentuhan yang menarik dan berperisa.

# 42.Ayam Kacang Rhubarb

**BAHAN-BAHAN:**

- 4 dada ayam tanpa tulang dan tanpa kulit
- 2 cawan rhubarb segar, dicincang
- 1/2 cawan madu
- 2 sudu besar mustard Dijon
- 2 ulas bawang putih, dikisar
- 2 sudu besar minyak zaitun

**ARAHAN:**

a) Dalam periuk, gabungkan rhubarb, madu, mustard Dijon, dan bawang putih cincang. Masak dengan api sederhana sehingga ketupat pecah dan adunan menjadi sayu.

b) Perasakan dada ayam dengan garam dan lada sulah dan panggang atau pan-sear sehingga hampir masak.

c) Sapu sayu rhubarb ke atas ayam dan teruskan memasak sehingga ayam masak sepenuhnya dan sayu menjadi karamel. Hidangkan panas.

# 43.Rhubarb Pork Tenderloin

**BAHAN-BAHAN:**

- 2 ketul daging babi
- 2 cawan rhubarb segar, dicincang
- 1/2 cawan gula perang
- 1/4 cawan cuka balsamic
- 1 biji bawang, dicincang halus
- 2 ulas bawang putih, dikisar
- 1 tangkai rosemary

**ARAHAN:**

a) Goreng tenderloin babi dalam kuali panas sehingga perang di semua sisi.

b) Dalam periuk berasingan, satukan rhubarb, gula perang, cuka balsamic, bawang cincang, bawang putih cincang, dan tangkai rosemary. Masak sehingga rhubarb pecah menjadi sos.

c) Pindahkan tenderloin babi yang digoreng ke dalam hidangan yang selamat untuk ketuhar, tuangkan sos rhubarb ke atasnya, dan panggang dalam ketuhar sehingga daging babi masak. Hiris dan hidangkan bersama sayu rhubarb.

# 44.Salmon dengan Rhubarb Salsa

**BAHAN-BAHAN:**

- 4 fillet salmon
- 2 cawan rhubarb segar, dipotong dadu
- 1/2 biji bawang merah, dihiris halus
- 1/4 cawan ketumbar segar, dicincang
- Jus 1 biji limau purut
- 2 sudu besar madu
- 1 jalapeño, potong dadu halus (sesuaikan dengan pilihan rempah anda)

**ARAHAN:**

a) Satukan rhubarb, bawang merah, ketumbar, jus limau nipis, madu dan jalapeño yang dipotong dadu untuk menghasilkan salsa. Mengetepikan.

b) Bakar atau bakar fillet salmon sehingga ia masak mengikut citarasa anda.

c) Hidangkan salmon panas, ditambah dengan salsa rhubarb.

# 45.Kari Rhubarb dan Lentil

**BAHAN-BAHAN:**

- 1 cawan lentil merah
- 2 cawan rhubarb segar, dicincang
- 1 biji bawang, dicincang halus
- 2 ulas bawang putih, dikisar
- 1 inci halia, parut
- 2 sudu besar rempah kari (cth, serbuk kari, jintan manis, ketumbar)
- 1 tin (14 oz) santan
- 2 cawan sup sayur
- 2 cawan bayam segar

**ARAHAN:**

a) Bilas lentil merah dan ketepikan.

b) Dalam periuk besar, tumiskan rhubarb yang dicincang, bawang besar yang dicincang, bawang putih yang dikisar, dan halia parut sehingga lembut.

c) Masukkan rempah kari dan masak seminit untuk mengeluarkan rasa.

d) Kacau dalam lentil merah, santan, dan sup sayur-sayuran. Reneh sehingga lentil masak dan adunan pekat.

e) Masukkan bayam segar dan masak sehingga layu. Hidangkan kari panas-panas.

# 46.Risotto Rhubarb dan Cendawan

**BAHAN-BAHAN:**

- 2 cawan beras Arborio
- 1 cawan rhubarb segar, dicincang
- 2 cawan cendawan, dihiris
- 1 biji bawang, dicincang halus
- 2 ulas bawang putih, dikisar
- 1/2 cawan wain putih
- 4 cawan sup sayur
- 1/2 cawan keju Parmesan parut
- 2 sudu besar mentega

**ARAHAN:**

a) Dalam kuali besar, tumiskan ketupat yang dicincang, cendawan yang dihiris, bawang besar yang dicincang, dan bawang putih yang dikisar sehingga lembut.

b) Masukkan beras Arborio dan masak selama beberapa minit sehingga lut sinar.

c) Tuangkan wain putih dan biarkan ia masak.

d) Masukkan sup sayur secara beransur-ansur, satu sudu pada satu masa, kacau sentiasa dan biarkan cecair diserap sebelum menambah lagi.

e) Teruskan proses ini sehingga nasi berkrim dan masak mengikut citarasa anda.

f) Masukkan keju Parmesan parut dan mentega. Hidangkan risotto panas.

## 47.Rusuk BBQ Rhubarb

**BAHAN-BAHAN:**

- 2 rak tulang rusuk babi
- 2 cawan rhubarb segar, dicincang
- 1 cawan sos tomato
- 1/2 cawan gula perang
- 1/4 cawan cuka epal
- 2 ulas bawang putih, dikisar

**ARAHAN:**

a) Sediakan tulang rusuk dengan mengeluarkan selaput dari bahagian belakang dan perasakannya dengan sapuan rusuk kegemaran anda.

b) Dalam periuk, satukan rhubarb, sos tomato, gula perang, cuka sari apel dan bawang putih cincang. Reneh sehingga rhubarb pecah menjadi sos BBQ yang pedas.

c) Bakar atau bakar rusuk berperisa sehingga hampir masak, kemudian sapu dengan sos BBQ rhubarb dan teruskan memasak sehingga karamel dan masak sepenuhnya.

## 48.Rhubarb dan Tumis Ayam

**BAHAN-BAHAN:**

- 2 dada ayam tanpa tulang tanpa kulit, dipotong menjadi jalur
- 2 cawan rhubarb segar, dihiris
- 1 lada benggala merah, dihiris
- 1 lada benggala kuning, dihiris
- 1 biji bawang, dihiris
- 2 ulas bawang putih, dikisar
- 1/4 cawan kicap
- 2 sudu besar sos hoisin
- 1 sudu besar minyak bijan

**ARAHAN:**

a) Dalam kuali atau kuali besar, goreng ayam sehingga masak. Keluarkan dari kuali dan ketepikan.

b) Dalam kuali yang sama, tumis rhubarb, lada benggala merah dan kuning, bawang merah, dan bawang putih yang dikisar sehingga ia lembut namun masih garing.

c) Kembalikan ayam yang telah dimasak ke dalam kuali dan masukkan kicap, sos hoisin, dan minyak bijan. Tumis hingga semuanya bersalut dan panas.

## 49.Rhubarb dan Pasta Udang

**BAHAN-BAHAN:**

- 8 oz pasta (cth, linguine atau spageti)
- 1 lb udang besar, dikupas dan dikeringkan
- 2 cawan rhubarb segar, dicincang
- 2 ulas bawang putih, dikisar
- 1/4 cawan wain putih
- 1/4 cawan krim berat
- 2 sudu besar mentega

**ARAHAN:**

a) Masak pasta mengikut arahan pakej. Toskan dan ketepikan.

b) Dalam kuali besar, tumis udang sehingga merah jambu dan masak. Angkat dan ketepikan.

c) Dalam kuali yang sama, tumis rhubarb dan bawang putih yang dikisar sehingga rhubarb lembut.

d) Tambah wain putih dan kurangkan selama beberapa minit. Masukkan krim pekat dan mentega, kemudian masukkan udang yang telah dimasak.

e) Masukkan pasta yang telah dimasak ke dalam sos dan hidangkan.

## 50.Rhubarb dan Rebus Daging Lembu

**BAHAN-BAHAN:**

- 1 lb daging rebusan daging lembu, dipotong dadu
- 2 cawan rhubarb segar, dicincang
- 1 bawang, dicincang
- 2 lobak merah, dihiris
- 2 ulas bawang putih, dikisar
- 4 cawan air rebusan daging lembu
- 2 daun salam

**ARAHAN:**

a) Dalam periuk besar, perangkan daging rebusan daging lembu dengan api besar. Angkat dan ketepikan.

b) Dalam periuk yang sama, tumis bawang besar, lobak merah, dan bawang putih yang dikisar sehingga ia mula lembut.

c) Kembalikan daging lembu ke dalam periuk, masukkan rhubarb cincang, sup daging lembu, dan daun bay.

d) Rebus rebusan sehingga daging empuk dan rasa sebati.

# 51.Bebola Daging Rhubarb dan Turki

**BAHAN-BAHAN:**

- 1 lb ayam belanda tanah
- 1 cawan rhubarb segar, dicincang halus
- 1/2 cawan serbuk roti
- 1 biji telur
- 2 ulas bawang putih, dikisar
- 1/4 cawan pasli segar, dicincang
- Garam dan lada sulah secukup rasa

**ARAHAN:**

a) Dalam mangkuk, satukan ayam belanda yang dikisar, ketumbar cincang, serbuk roti, telur, bawang putih cincang, pasli segar, garam dan lada sulah.

b) Bentuk adunan menjadi bebola daging dan bakar atau goreng hingga masak.

# PENJERAHAN

# 52.Puding beras dengan rhubarb panggang

**BAHAN-BAHAN:**

- 1 sudu besar mentega, untuk melincirkan hidangan
- 3¼ cawan susu
- 1 cawan krim berat
- ¾ cawan beras puding
- ⅓ cawan gula halus
- 2 sudu besar air bunga oren

**UNTUK RHUBARB**

- 14 auns rhubarb, dibasuh dan dipotong
- kulit dan jus 1 oren besar
- 4 sudu besar gula pasir

**ARAHAN:**

a) Lumurkan bahagian dalam loyang dengan sedikit mentega.

b) Masukkan beras, gula, dan air bunga oren selepas susu dan krim dimasukkan.

c) Kacau semuanya sedikit.

d) Letakkan hidangan di dalam ketuhar kayu, tutup pintu, dan bakar selama 1½ jam.

e) Sementara itu, susun rhubarb dalam dulang pembakar atau hidangan dalam satu lapisan yang selesa.

f) Masukkan kulit oren dan jus, serta gula, untuk menggabungkan.

g) Ketepikan sejuk selama beberapa minit sebelum dihidangkan.

## 53.Rhubarb panggang dan Pistachio Panna Cotta

**BAHAN-BAHAN:**

- ½ paun tangkai rhubarb nipis
- ½ cawan gula pasir
- jus ½ lemon
- 1 biji vanila, belah
- ½ cawan pistachio cincang, untuk dihidangkan

**ARAHAN:**

a) Panaskan ketuhar hingga 375ºF.

b) Potong rhubarb menjadi 2-3 inci panjang.

c) Masukkannya ke dalam bekas pembakar dengan gula, jus lemon, dan kacang vanila.

d) Panggang sehingga lembut dan berair tetapi tidak hancur, kira-kira 15-20 minit.

e) Biarkan sejuk sebelum dihidangkan.

## 54.Gelato raspberry rhubarb

**BAHAN-BAHAN:**

- 1 paun Rhubarb (kira-kira 8 tangkai), dipotong menjadi kepingan 1 inci
- 4 ½-pt bekas raspberi
- 2 cawan susu penuh
- ¼ cawan krim pekat
- 3 sudu besar Sirap jagung
- ⅓ cawan susu kering tanpa lemak
- 1¼ cawan Gula
- ½ sudu teh gelatin tidak berperisa

**ARAHAN:**

a) Letakkan rhubarb dan 3 Sudu Besar air dalam periuk sederhana.

b) Masak di atas api sederhana, kacau selalu, sehingga sangat lembut dan kebanyakan cecair telah sejat, kira-kira 45 minit.

c) Keluarkan dari haba dan puri rhubarb dengan 1½ pain raspberi. Tapis puri dan ketepikan untuk sejuk.

d) Sementara itu, satukan susu, krim, dan sirap jagung dalam periuk kecil.

e) Panaskan hingga hampir mendidih. Satukan susu kering, gula, dan gelatin dan pukul.

f) Bawa kembali sehingga hampir mendidih untuk membubarkan gelatin, dan keluarkan kuali dari api.

g) Masukkan adunan melalui penapis ke dalam mangkuk sederhana yang ditetapkan di atas tab mandi ais untuk menyejukkan. Kacau dalam puri buah, kemudian bekukan dalam pembuat aiskrim mengikut arahan pengilang.

h) Masukkan baki raspberi dan gaul dalam mesin sehingga sebati kira-kira 30 saat.

i) Simpan dalam bekas plastik.

## 55.Souffle Rhubarb Sejuk

**BAHAN-BAHAN:**

- 4 cawan Rhubarb yang dicincang
- 2 ¼ cawan Gula
- 1 sampul surat Gelatin
- 1 cawan Krim Berat
- 4 Putih Telur
- 1 sudu teh Vanila
- 12 buah Strawberi segar (untuk hiasan)
- Tambahan Whipped Cream (untuk hiasan)

**ARAHAN:**

a) Dalam periuk berdasar berat, gabungkan rhubarb yang dicincang dengan ¼ cawan air dan 1¾ cawan gula. Masak dengan api sederhana selama kira-kira 10 minit atau sehingga rhubarb menjadi lembut.

b) Tapis ketupat yang telah dimasak untuk memisahkan jusnya. Kemudian, masak jus rhubarb sehingga ia berkurangan kepada kira-kira ½ cawan.

c) Haluskan rhubarb yang dimasak dalam kilang makanan, atau pengisar, atau hantarkannya melalui kilang sayur untuk mencapai konsistensi yang licin.

d) Lembutkan gelatin dengan meletakkannya dalam 2 sudu besar air sejuk. Setelah lembut, masukkan ke dalam jus rhubarb panas, kacau sehingga gelatin dibubarkan sepenuhnya. Kemudian, campurkan dalam puri ketumbar.

e) Dalam mangkuk yang berasingan, pukul krim berat sehingga ia membentuk puncak kaku.

f) Dalam mangkuk lain, pukul putih telur sehingga ia mula kaku. Masukkan baki ½ cawan gula dan vanila secara beransur-ansur, teruskan pukul sehingga puncak kaku terbentuk.

g) Mula-mula, masukkan adunan putih telur yang telah dipukul perlahan-lahan ke dalam adunan rhubarb.

h) Kemudian, masukkan krim putar sehingga adunan sebati.

i) Buat kolar daripada kertas lilin dan pasangkannya di sekeliling acuan soufflé 1 ½ liter.

j) Tuangkan campuran soufflé rhubarb dengan berhati-hati ke dalam acuan yang disediakan.

k) Sejukkan soufflé di dalam peti sejuk selama sekurang-kurangnya enam jam atau sehingga ia ditetapkan.

l) Sebelum dihidangkan, keluarkan kolar kertas lilin dan hiasi bahagian atas soufflé dengan strawberi segar dan roset krim putar yang disalurkan dari tiub pastri.

m) Nikmati Cold Rhubarb Soufflé yang menarik dan menyegarkan ini!

## 56. Parfaits Halia-Rhubarb

**BAHAN-BAHAN:**

- 3 cawan Rhubarb Segar Cincang
- ¾ cawan Gula Perang Dibungkus Padat
- ¼ cawan Jus Oren
- 2 sudu besar Halia Hablur Cincang
- 2 cawan Yogurt Beku Tanpa Lemak Vanila
- Tangkai Pudina Segar (pilihan, untuk hiasan)
- Halia Hablur dihiris (pilihan, untuk hiasan)

**ARAHAN:**

**SEDIAKAN CAMPURAN RHUBARB:**

a) Satukan ketupat segar yang dicincang atau ketupat beku yang telah dicairkan, gula perang, jus oren, dan halia yang dicincang kristal dalam periuk sederhana. Kacau rata hingga sebati.

b) Didihkan campuran di atas api yang sederhana tinggi, kemudian kecilkan api dan reneh, tanpa penutup, selama kira-kira 4 minit atau sehingga rhubarb menjadi lembut.

**PROSES RHUBARB:**

c) Pindahkan campuran rhubarb yang dimasak ke pemproses makanan dan proses sehingga ia menjadi licin.

d) Sejukkan campuran rhubarb yang telah diproses di dalam peti sejuk.

**HIMPUNKAN PARFIT:**

e) Untuk membuat parfait, sapukan campuran rhubarb sejuk dengan yogurt beku tanpa lemak vanila dalam gelas parfait. Anda boleh mulakan dengan lapisan rhubarb, kemudian tambah lapisan yogurt beku, dan teruskan corak ini sehingga gelas diisi.

**HIASAN (PILIHAN):**

f) Jika mahu, hiaskan setiap parfait dengan tangkai pudina segar dan halia hablur yang dihiris untuk menambah rasa dan sentuhan keanggunan.

g) Nikmati parfait rhubarb yang menarik! Ini sesuai untuk pencuci mulut yang menyegarkan atau hidangan istimewa.

# 57. Torte Ais Lemon dengan Sos Rhubarb

**BAHAN-BAHAN:**

**UNTUK KERAK:**

- 3 cawan Badam Hiris Dicelur, dibakar (kira-kira 12 auns)
- ½ cawan Gula
- 5 sudu besar Marjerin, cair
- ¼ sudu teh Kayu Manis Kisar
- ⅓ cawan Pengawetan Strawberi

**UNTUK TORTE:**

- 3 liter Ais Lemon atau Nanas, Sherbet atau Sorbet
- 1 cawan Gula
- ½ cawan Air
- 1 Biji Vanila, belah memanjang

**UNTUK SOS STRAWBERI-RHUBARB:**

- 1 beg 20 auns Rhubarb Tanpa Gula Beku
- 1 beg 20-auns Strawberi Tanpa Gula Beku
- 1 pint bakul Strawberi Segar
- Tangkai Pudina Segar (untuk hiasan)

**ARAHAN:**

**UNTUK KERAK:**

a) Dalam pemproses makanan, satukan badam dan gula yang telah dibakar. Proses sehingga dicincang halus.

b) Pindahkan campuran badam-gula ke mangkuk sederhana.

c) Campurkan marjerin cair dan kayu manis yang dikisar ke dalam adunan badam sehingga sebati.

d) Pindahkan campuran badam ke dalam kuali springform berdiameter 9 inci. Gunakan bungkus plastik untuk membantu menekan campuran badam dengan kuat 2 inci ke atas bahagian tepi dan rata di bahagian bawah kuali. Bekukan kerak selama 15 minit.

e) Panaskan ketuhar anda hingga 350°F (175°C). Letakkan kuali dengan kerak pada helaian biskut dan bakar selama 20 minit, atau sehingga kerak ditetapkan dan sedikit keemasan. Jika bahagian kerak tergelincir semasa membakar, tekan kembali ke tempatnya dengan belakang garpu.

f) Pindahkan kuali ke rak dan biarkan kerak sejuk sepenuhnya.

g) Cairkan pengawet strawberi dalam periuk kecil yang berat. Tuangkan pengawet cair ke dalam kerak yang telah disejukkan dan ratakan untuk menutup bahagian bawah. Biarkan ia sejuk.

**UNTUK TORTE:**

h) Lembutkan sedikit ais lemon atau nanas, serbet atau sorbet dan ratakan dalam kuali di atas kerak. Bekukan sehingga padat. Anda boleh menyediakan langkah ini satu hari ke hadapan; hanya tutup dan bekukan.

**UNTUK SOS STRAWBERI-RHUBARB:**

i) Dalam periuk sederhana berat, satukan ½ cawan gula dan ½ cawan air. Kikis biji dari kacang vanila dan masukkannya ke dalam periuk bersama dengan pod kacang vanila yang dibelah. Reneh selama 5 minit.

j) Masukkan baki ½ cawan gula dan kacau hingga larut.

k) Masukkan rhubarb ke dalam periuk. Didihkan, kemudian kecilkan api, tutup, dan reneh sehingga rhubarb lembut, yang sepatutnya mengambil masa kira-kira 8 minit.

l) Masukkan strawberi beku ke dalam periuk dan biarkan ia mendidih. Biarkan sos sejuk. Tutup dan sejukkan sehingga sejuk. Langkah ini juga boleh disediakan satu hari ke hadapan.

m) Keluarkan pod vanila dari sos.

**PERHIMPUNAN:**

n) Potong antara kerak dan sisi kuali dengan pisau tajam kecil. Keluarkan bahagian tepi kuali.

o) Sudukan ½ cawan sos strawberry-rhubarb di atas bahagian tengah torte.

p) Letakkan strawberi segar di tengah dan hiaskan dengan tangkai pudina segar.

q) Potong torte menjadi kepingan dan hidangkan dengan sos tambahan.

r) Nikmati Torte Ais Lemon anda dengan Sos strawberi rhubarb! Ia adalah pencuci mulut yang menyegarkan dan elegan.

# 58.Puding Awan Lemon-Rhubarb

**BAHAN-BAHAN:**

- 1 ¼ cawan Gula
- ¼ cawan Tepung jagung
- ¼ sudu teh Garam
- 1 ¼ cawan Air
- 4 biji Telur Besar
- 1 cawan Rhubarb Segar atau Beku yang dicincang
- 1 sudu besar Kulit Limau Parut
- ⅓ cawan Jus Lemon
- ¼ sudu teh Krim Tartar

**ARAHAN:**

a) Dalam periuk 2 liter, satukan ¼ cawan gula, tepung jagung, dan garam. Kacau air secara beransur-ansur dengan pemukul dawai sehingga tepung jagung tersebar secara seragam di dalam air.

b) Panaskan campuran di atas api sederhana, kacau sentiasa, sehingga mendidih dan pekat untuk membentuk konsistensi seperti puding. Keluarkan puding dari api.

c) Asingkan telur, letakkan putih dalam mangkuk bersaiz sederhana dan kuning dalam mangkuk kecil. Pukul kuning sedikit dan pukul sedikit puding. Kemudian, kembalikan adunan kuning ke dalam periuk puding, kacau sehingga sebati. Lipat dalam rhubarb yang dicincang.

d) Kembalikan campuran ke api sederhana dan panaskannya hingga mendidih, kacau sentiasa. Kecilkan api ke rendah dan teruskan memasak, kacau sekali-sekala, sehingga rhubarb lembut, yang sepatutnya mengambil masa kira-kira 5 minit.

e) Keluarkan puding dari api. Masukkan kulit limau parut dan jus lemon. Tuangkan puding ke dalam mangkuk cetek kalis ketuhar 1½ liter atau hidangan kaserol.

f) Panaskan ketuhar anda hingga 350°F (175°C).

g) Menggunakan pengadun elektrik pada kelajuan tinggi, pukul putih telur yang dikhaskan dan krim tartar sehingga ia menjadi ringan dan gebu.

h) Pukul secara beransur-ansur dalam baki ½ cawan gula sehingga membentuk meringue yang kaku, dan puncaknya mengekalkan bentuknya apabila pemukul dinaikkan perlahan-lahan.

i) Sapukan meringue ke atas puding, pastikan ia melekat pada tepi mangkuk. Anda boleh membuat puncak hiasan di atas meringue.

j) Bakar dalam ketuhar yang telah dipanaskan selama 12 hingga 15 minit atau sehingga meringue berwarna perang keemasan.

k) Anda boleh menghidangkan puding dalam keadaan hangat atau biarkan ia sejuk pada suhu bilik dan kemudian masukkan ke dalam peti sejuk untuk dihidangkan sejuk.

l) Nikmati Puding Awan Lemon-Rhubarb yang lazat! Ia adalah pencuci mulut yang menarik dengan keseimbangan sempurna rasa manis dan masam.

# 59.Rhubarb dan Vanila Custard Mille-Feuille

**BAHAN-BAHAN:**

- 375g pastri puff mentega beku, dicairkan
- 1 biji telur, dipukul sedikit
- 100g gula kastor
- 400g rhubarb (kira-kira 8 tangkai besar), dipotong dan dipotong menjadi 10cm panjang
- Gula aising untuk habuk

**UNTUK KASTAD:**

- 3 biji kuning telur
- 40g gula kastor
- 1 1/2 sudu besar tepung jagung, dipukul dengan 1 sudu besar air suam
- 1 cawan (250ml) susu
- 1/2 biji vanila, belah dengan biji dikikis

**ARAHAN:**

a) Untuk menyediakan kastard, pukul kuning telur dan gula halus hingga pekat dan pucat, kemudian masukkan bancuhan tepung jagung. Panaskan susu dalam kuali dengan pod vanila yang dibelah dan bijinya. Didihkan, kemudian angkat dari api. Semasa dipukul kuat, tuangkan susu panas secara perlahan ke dalam adunan kuning telur.

b) Kembalikan adunan kastard ke dalam kuali bersih dengan api sederhana, kacau sentiasa sehingga mula pekat. Pastikan anda mengikis bahagian tepi dan bawah untuk mengelakkan pembakaran. Setelah ia mengeluarkan beberapa buih, keluarkan kuali dari api. Buang pod vanila, pindahkan kastard ke dalam mangkuk, dan biarkan ia sejuk. Sudukan kastard ke dalam piping bag besar dengan muncung 1cm, kemudian sejukkan selama 1-2 jam.

c) Panaskan ketuhar anda hingga 200°C dan alaskan dulang pembakar dengan kertas parchment.

d) Canai pastri kepada segi empat tepat 24cm x 30cm, kemudian potong kepada lapan belas segi empat tepat 10cm x 4cm. Letakkannya di atas dulang, sapu sedikit dengan telur yang telah dipukul, dan taburkan dengan 2 sudu besar gula kastor. Tutup segi empat tepat berlapis dengan kertas parchment, kemudian letakkan satu lagi dulang pembakar di atas untuk mengelakkan pastri daripada naik. Bakar selama 30 minit atau sehingga kekuningan dan garing. Jika pastri tidak kelihatan siap selepas 30 minit, keluarkan kertas pembakar dan dulang, kemudian bakar selama 6-8 minit tambahan.

e) Sementara itu, toskan rhubarb dengan baki 1/4 cawan (55g) gula kastor dan letakkan dalam bekas pembakar kecil. Panggang di atas rak di bawah pastri selama 20 minit atau sehingga lembut tetapi masih mengekalkan bentuknya. Biarkan ia sejuk sepenuhnya.

f) Untuk memasang, letakkan segi empat tepat pastri di atas pinggan hidangan, kemudian susun 3 keping rhubarb di atas pastri. Teratas dengan satu lagi segi empat tepat pastri, kemudian paipkan kastard di atasnya. Selesaikan dengan segi empat tepat pastri ketiga. Ulangi proses untuk membuat 6 mille-feuilles. Taburkan dengan gula aising dan hidangkan segera.

# 60.Aiskrim Rhubarb Crumble

**BAHAN-BAHAN:**

**UNTUK AISKRIM:**

- 1 paun Rhubarb, dipotong
- 15 auns cecair Whipping Cream
- 8 auns Gula
- 1 sudu besar Jus Lemon

**UNTUK CRUMBLE:**

- 3 auns Tepung Putih
- 2 auns Mentega
- 2 auns Gula Muscovado Perang Muda
- ½ sudu teh Halia Kisar

**ARAHAN:**

**UNTUK CRUMBLE:**

a) Panaskan ketuhar kepada tanda gas 5, 375°F (190°C).

b) Dalam mangkuk, satukan semua bahan hancur tepung putih, mentega, gula muscovado perang muda dan halia kisar.

c) Gunakan tangan anda untuk menggosok mentega ke dalam tepung sehingga adunan menjadi satu untuk membentuk bebola kecil doh sebesar kacang, menyerupai serbuk roti. Ketepikan ini.

d) Taburkan adunan hancur rata ke dalam loyang 11 x 7 inci dan biarkan di tepi.

**UNTUK RHUBARB:**

e) Potong rhubarb menjadi setengah inci (1cm) panjang dan letakkannya di dalam bekas pembakar yang besar dan cetek.

f) Masukkan gula dan jus lemon ke rhubarb.

g) Letakkan hidangan dengan rhubarb di atas rak yang lebih rendah di dalam ketuhar yang telah dipanaskan dan loyang dengan campuran hancur di atas rak di atas.

h) Bakar crumble selama 10 minit, kemudian keluarkan dari ketuhar dan biarkan ia sejuk.

i) Rhubarb mungkin memerlukan 15-20 minit lagi untuk memasak sehingga ia benar-benar lembut. Setelah masak, keluarkan dari oven dan biarkan sejuk sedikit.

j) Tuangkan rhubarb yang telah dimasak ke dalam pemproses makanan atau pengisar dan proses sehingga anda mendapat puri yang licin.

k) Tuangkan puri rhubarb ke dalam jag penyukat, tutupnya, dan pindahkan ke peti sejuk untuk disejukkan.

**UNTUK AISKRIM:**

l) Sebelum membuat ais krim, pecahkan hancur yang telah disejukkan dengan tangan anda kepada kepingan kecil bersaiz kacang.

m) Kacau krim ke dalam puri rhubarb sejuk.

n) Tuangkan adunan ke dalam pembuat aiskrim dan kisar sehingga ia mencapai konsistensi krim disebat lembut.

o) Sudukan aiskrim dengan cepat ke dalam kotak penyejuk beku politena dan kacau dalam kepingan hancur.

p) Letakkan penutup pada kotak penyejuk beku dan beku selama sekurang-kurangnya 2 jam atau sehingga ais krim cukup pejal untuk dihidangkan.

**UNTUK MEMBUAT TANPA PEMBUAT AISKRIM:**

q) Jika anda tidak mempunyai pembuat ais krim, bekukan adunan (tanpa hancur) di dalam kotak selama 3-4 jam.

r) Pukul dan masukkan ke dalam peti sejuk selama 2 jam lagi.

s) Pukul lagi dan kacau dalam kepingan hancur sebelum pembekuan terakhir.

**UNTUK BERKHIDMAT:**

t) Jika ais krim beku padat, pindahkan ke peti sejuk selama kira-kira 25 minit sebelum dihidangkan untuk membolehkan ia menjadi cukup lembut untuk dicedok.

u) Nikmati Aiskrim Rhubarb Crumble buatan sendiri anda! Ia adalah gabungan tart rhubarb, ais krim berkrim dan crunchy crumble.

## 61.Rhubarb Cinnamon Crunch

**BAHAN-BAHAN:**

- 3 cawan rhubarb segar (atau ceri) dipotong dadu
- 1 cawan oat gulung
- 1 cawan gula perang
- ½ cawan + 1 sudu besar tepung
- ½ cawan Crisco
- ½ cawan gula
- 1 sudu teh kayu manis
- ⅛ sudu teh garam
- 1 sudu besar air

**ARAHAN:**

a) Satukan oat, gula, ½ cawan tepung, dan Crisco, dan taburkan ½ daripada adunan di bahagian bawah loyang persegi 8 inci.

b) Satukan gula dan kayu manis. Garam dan 1 sudu besar tepung.

c) Kacau dalam rhubarb, dan air, dan sudu ke atas campuran oat dalam kuali.

d) Tutup dengan baki campuran oat dan bakar selama 30 minit pada 325 darjah F.

# 62. Strawberry Rhubarb Cobbler

**BAHAN-BAHAN:**

- 3 cawan strawberi, dihiris empat
- 2 cawan rhubarb, dihiris menjadi blok 1 inci
- 2 sudu besar tepung jagung
- 1-2 sudu besar gula merah
- 1 sudu teh ekstrak vanila
- 1 jus limau nipis dan kulit
- 1 Doh tukang kasut

**ARAHAN:**

a) Dalam mangkuk adunan, masukkan semua bahan (kecuali doh) dan kacau perlahan-lahan untuk menyalut buah dengan tepung jagung dan ratakan gula.

b) Letakkan dalam kuali besi tuang minyak atau hidangan pembakar panas tinggi yang lain.

c) Ratakan doh tukang kasut di bahagian atas dan bakar dalam ketuhar kayu anda.

d) Bakar pada suhu 350 darjah selama 35-40 minit, atau sehingga jus buah mendidih dan kerak tukang kasut berwarna perang keemasan.

# 63.Rhubarb dan Strawberi Rangup

**BAHAN-BAHAN:**

- ¾ cawan gula
- 3 sudu besar tepung jagung
- 3 cawan hirisan rhubarb segar atau rhubarb beku, dicairkan
- 2 cawan dihiris epal yang dikupas atau dihiris
- strawberi
- 1 cawan oat masak cepat atau lama
- ½ cawan gula perang yang dibungkus
- ½ cawan mentega, cair
- ⅓ cawan tepung serba guna
- 1 sudu teh kayu manis tanah
- Aiskrim vanila, pilihan

**ARAHAN:**

a) Dalam mangkuk besar, satukan gula dan tepung jagung. Tambah rhubarb dan epal atau strawberi; toskan hingga kot. Sudukan ke dalam 8-in. kuali besi tuang atau kuali kalis ketuhar lain.

b) Dalam mangkuk kecil, satukan oat, gula perang, mentega, tepung, dan kayu manis sehingga adunan menyerupai serbuk kasar. Taburkan ke atas buah.

c) Bakar pada suhu 350° sehingga garing dan berbuih dan buahnya lembut, kira-kira 45 minit. Jika mahu, hidangkan hangat dengan aiskrim.

# 64.Rhubarb Brûlée

**BAHAN-BAHAN:**

- 2 cawan rhubarb dicincang
- ½ cawan gula pasir
- 1 cawan krim berat
- 1 cawan susu penuh
- 4 biji kuning telur
- ½ cawan gula pasir (untuk karamel)

**ARAHAN:**

a) Panaskan ketuhar anda hingga 325°F (160°C).

b) Dalam periuk, gabungkan rhubarb yang dicincang dan ½ cawan gula. Masak dengan api sederhana sehingga rhubarb lembut dan mengeluarkan jusnya.

c) Keluarkan rhubarb dari api dan biarkan ia sejuk sedikit. Tumbuk ketupat dengan garfu atau gaul hingga sebati.

d) Dalam mangkuk yang berasingan, pukul bersama kuning telur dan ½ cawan gula pasir sehingga sebati.

e) Dalam periuk lain, panaskan krim berat dan susu di atas api sederhana sehingga ia mula mendidih.

f) Perlahan-lahan tuangkan adunan krim panas ke dalam adunan kuning telur, pukul terus.

g) Kacau dalam ketupat tumbuk sehingga sebati.

h) Bahagikan campuran antara ramekin atau hidangan yang selamat dari ketuhar.

i) Letakkan ramekin dalam hidangan pembakar dan isikan hidangan dengan air panas sehingga ia mencapai separuh bahagian tepi ramekin.

j) Bakar selama kira-kira 35-40 minit, atau sehingga kastard ditetapkan tetapi masih sedikit bergoyang di tengah.

k) Keluarkan ramekin dari tab mandi air dan biarkan ia sejuk ke suhu bilik. Kemudian sejukkan sekurang-kurangnya 2 jam atau semalaman.

l) Sejurus sebelum dihidangkan, taburkan lapisan nipis gula pasir di atas setiap kastard. Gunakan obor dapur untuk karamelkan gula sehingga membentuk kerak rangup.

m) Biarkan gula mengeras selama beberapa minit, kemudian hidangkan dan nikmati.

## 65.Oren, Rhubarb dan Apple Gratin

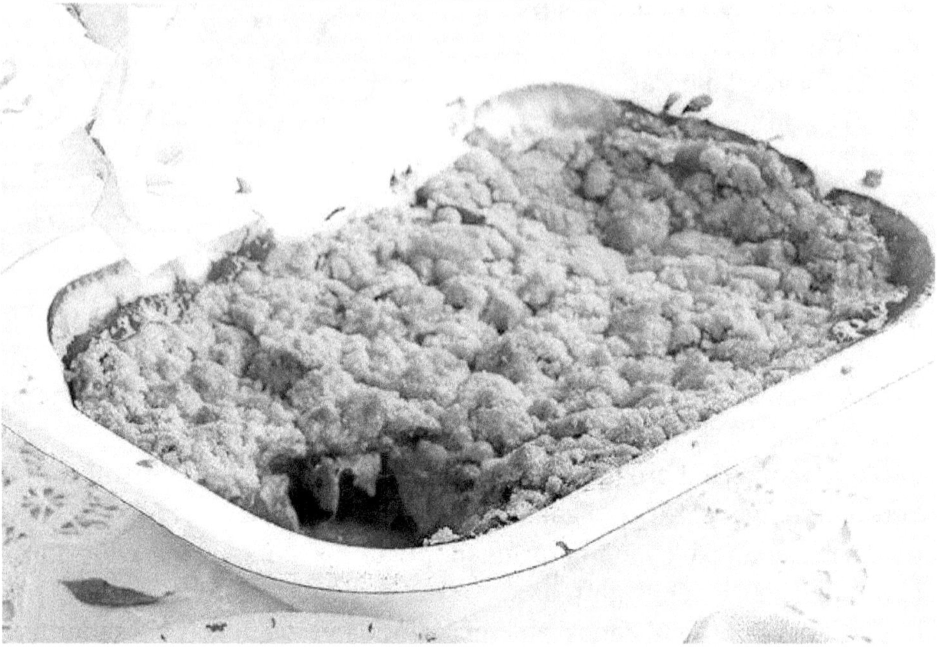

**BAHAN-BAHAN:**

- 2 cawan Rhubarb, dipotong menjadi kepingan 5 cm (2 inci).
- 2 biji epal
- ½ cawan Jus Oren atau Air
- ⅓ Vanilla Pod, potong memanjang
- 3 sudu besar Gula
- 1 Oren besar
- 2 biji kuning telur
- 3 sudu besar Whipped Cream

**ARAHAN:**

**SEDIAKAN RHUBARB DAN Epal:**

a) Kupas kulit yang keras dari tangkai rhubarb.

b) Kupas, suku, dan inti epal. Potong setiap suku epal separuh.

c) Dalam periuk, satukan kepingan epal, jus oren (atau air), buah vanila yang dibelah, dan gula.

d) Biarkan adunan mendidih dan masak selama kira-kira 2 minit.

e) Masukkan kepingan ketupat ke dalam periuk dan teruskan masak sehingga ketupat lembut sahaja.

**SEDIAKAN OREN:**

f) Kupas dan belahkan oren besar.

g) Susun Buah:

h) Susun epal yang telah dimasak, bahagian oren, dan ketumbar dengan menarik dalam hidangan gratin. Pastikan untuk mengalirkan jus mereka ke dalam mangkuk yang berasingan.

**SEDIAKAN SOS BERKRIM:**

i) Pukul jus suam dari buah yang dimasak dengan kuning telur selama kira-kira 1 minit sehingga ia menjadi sedikit berkrim.

j) Campurkan krim putar perlahan-lahan.

k) Tuangkan sos ke atas buah:

l) Tuangkan penyediaan berkrim ini secara merata ke atas buah yang disusun dalam hidangan gratin.

**MEMANGGANG GRATIN:**

m) Letakkan hidangan gratin di bawah panggangan panas (daging daging) sehingga penyediaan berkrim di atas menjadi perang keemasan.

n) Hidangkan: Hidangkan Gratin Oren, Rhubarb dan Epal dengan serta-merta, atau anda boleh menyimpannya dan memanaskannya semula sedikit dalam ketuhar suam sebelum dihidangkan.

o) Nikmati Jeruk, Rhubarb dan Apple Gratin yang lazat dan cantik!

## 66.Kek Rhubarb Lama

**BAHAN-BAHAN:**

- ½ cawan mentega atau marjerin
- 1 ¼ cawan gula, dibahagikan
- 1 biji telur
- 1 cawan buttermilk
- 2 cawan tepung
- 1 sudu teh baking soda
- ½ sudu teh garam
- ½ sudu teh kayu manis
- 2 cawan rhubarb dicincang

**ARAHAN:**

a) Krim mentega dan 1 cawan gula, masukkan telur pukul sebati.

b) Satukan buttermilk dan vanilla, ketepikan.

c) Satukan tepung, baking soda, dan garam.

d) Masukkan berselang-seli dengan susu mentega-vanila ke dalam adunan berkrim.

e) Kacau dalam rhubarb.

## 67.Kek Brunch Rhubarb Ribbon

**BAHAN-BAHAN:**

- ¾ cawan gula
- 3 sudu besar tepung jagung
- ¼ sudu teh kayu manis tanah
- ⅛ sudu teh buah pala yang dikisar
- ⅓ cawan air sejuk
- 2½ cawan dihiris rhubarb segar atau beku
- 3 hingga 4 titik pewarna makanan merah, pilihan

**BATTER:**

- 2¼ cawan tepung serba guna
- ¾ cawan gula
- ¾ cawan mentega sejuk, potong dadu
- ½ sudu teh serbuk penaik
- ½ sudu teh baking soda
- ½ sudu teh garam
- 1 biji telur besar, dipukul sedikit
- ¾ cawan (6 auns) yogurt vanila
- 1 sudu teh ekstrak vanila

**TOPPING:**

- 1 biji telur besar, dipukul sedikit
- 8 auns keju Mascarpone
- ¼ cawan gula
- ½ cawan pecan cincang
- ¼ cawan kelapa parut manis

**ARAHAN:**

a) Campurkan air, tepung jagung, kayu manis, buah pala, dan gula dalam periuk besar sehingga rata. Masukkan rhubarb ke dalam adunan. Panaskan sehingga mendidih; masak dan kacau hingga pekat, lebih kurang 2 minit. Masukkan pewarna makanan jika mahu. Ketepikan.

b) Campurkan tepung dan gula dalam mangkuk besar; potong mentega ke dalam adunan sehingga ia mempunyai tekstur serbuk kasar. Simpan 1 cawan untuk membuat topping. Masukkan garam, soda penaik, dan serbuk penaik ke baki adunan serbuk. Campurkan telur, yogurt, dan vanila dalam mangkuk kecil; kacau mereka ke dalam adunan sehingga rata. Sebarkan ke dalam 9-in. loyang springform yang digris.

c) Campurkan gula, keju Mascarpone, dan telur; sudukan adunan di atas adunan. Masukkan campuran rhubarb di atas. Masukkan pecan dan kelapa ke dalam campuran serbuk yang disimpan; taburkan di atas.

d) Bakar sehingga diuji dengan pencungkil gigi, pada suhu 350 ° selama kira-kira 60-65 minit. Biarkan ia sejuk di atas rak dawai selama 20 minit; keluarkan bahagian tepi kuali. Biarkan ia sejuk dengan teliti.

# 68.Kek Rhubarb Upside-Down

**BAHAN-BAHAN:**

**UNTUK TOPPING RHUBARB:**

- 4 cawan Potong rhubarb
- 1 cawan Gula
- 1 cawan marshmallow berempat

**UNTUK BATTER KEK:**

- 1¾ cawan tepung yang diayak
- 2 sudu teh serbuk penaik
- ⅛ sudu teh Garam
- ½ cawan Shortening
- 1 cawan Gula
- 2 biji telur, dipisahkan
- ½ sudu teh ekstrak badam
- ⅓ sudu teh Vanila
- ½ cawan Susu

**ARAHAN:**

a) Masak rhubarb yang dipotong dengan api perlahan sehingga jus mula mengalir. Masukkan gula dan marshmallow (jika tidak menggunakan marshmallow segar) dan gaul rata. Reneh adunan selama kira-kira 10 minit, kemudian tuangkan ke dalam loyang kek yang telah digris.

b) Panaskan ketuhar anda kepada 350 darjah Fahrenheit (175 darjah Celsius).

c) Ayak tepung, serbuk penaik, dan garam bersama-sama dalam mangkuk.

d) Dalam mangkuk adunan yang berasingan, krim shortening dengan gula sehingga kembang. Masukkan kuning telur, ekstrak badam, dan vanila, dan pukul dengan teliti.

e) Masukkan secara beransur-ansur bahan kering yang telah diayak dan susu secara berselang-seli dalam jumlah kecil ke dalam campuran pemendekan, pukul dengan baik selepas setiap penambahan.

f) Dalam mangkuk lain, pukul putih telur sehingga ia membentuk puncak kaku tetapi tidak kering.

g) Masukkan putih telur yang telah dipukul perlahan-lahan ke dalam adunan kek.

h) Tuangkan adunan kek secara rata ke atas adunan ketupat dalam loyang kek.

i) Bakar kek dalam ketuhar yang telah dipanaskan selama 40 hingga 50 minit, atau sehingga pencungkil gigi yang dimasukkan di tengah keluar bersih.

j) Setelah kek selesai dibakar, longgarkannya dari tepi dan bawah kuali dengan spatula. Kemudian, hati-hati pusingkan kek ke atas pinggan kek.

k) Jika anda menggunakan marshmallow yang sangat segar, tambahkannya ke dalam bancuhan rhubarb sejurus sebelum menuang adunan kek di atas.

l) Hidangkan Rhubarb Upside-Down Cake hangat-hangat dan nikmatilah!

## 69.Kek Kopi Rhubarb

**BAHAN-BAHAN:**

- 2 cawan Gula
- 1 cawan Shortening
- 2 biji telur
- 2 sudu teh Kayu Manis
- 2 sudu teh serbuk penaik
- ¼ sudu teh Garam
- 1 cawan Kopi Sejuk
- 3 cawan Tepung Serbaguna
- 3 cawan Rhubarb Dicincang Halus, Dikupas
- (Pilihan) Kacang untuk topping

**ARAHAN:**

a) Panaskan ketuhar anda hingga 350°F (175°C). Griskan loyang 9 x 13 inci.

b) Dalam mangkuk adunan, pukul bersama gula dan shortening sehingga sebati.

c) Masukkan telur ke dalam adunan berkrim dan pukul sehingga rata.

d) Masukkan kayu manis, serbuk penaik, dan garam.

e) Masukkan kopi sejuk dan tepung secara bergantian ke dalam adunan, bermula dan berakhir dengan tepung. Gaul sehingga sebati.

f) Perlahan-lahan masukkan ketumbar yang dicincang halus dan dikupas.

g) Tuangkan adunan ke dalam loyang 9 x 13 inci yang telah digris.

h) Jika dikehendaki, taburkan bahagian atas kek dengan kayu manis, gula, dan kacang untuk menambah rasa dan tekstur.

i) Bakar dalam ketuhar yang telah dipanaskan selama lebih kurang 45 minit atau sehingga pencungkil gigi yang dimasukkan ke dalam bahagian tengah keluar bersih.

j) Biarkan kek kopi sejuk sebelum dihiris dan dihidangkan.

k) Nikmati Kek Kopi Rhubarb anda yang lembap dan lazat!

## 70.Kek Rhubarb & Kacang Streusel

**BAHAN-BAHAN:**

- 1½ cawan Gula (dibahagikan)
- 3 sudu besar Pati Jagung
- 3 cawan Rhubarb Segar Dipotong dadu
- ¾ cawan Susu
- 1 sudu besar Cuka
- 2¼ cawan Tepung Serbaguna
- ¾ cawan Mentega
- ½ sudu teh Serbuk Penaik
- ½ sudu teh Baking Soda
- ½ cawan Kacang Dicincang Halus
- 1 biji telur (dipukul)

**ARAHAN:**

**SEDIAKAN ISI RHUBARB:**

a) Dalam periuk sederhana, satukan ¾ cawan gula dan tepung jagung. Masukkan ketupat yang telah dipotong dadu.

b) Masak dan kacau adunan dengan api sederhana sehingga mendidih dan pekat. Setelah pekat, keluarkan dari api dan biarkan ia sejuk. Mengetepikan.

c) Kacau bersama susu dan cuka dalam mangkuk yang berasingan. Ketepikan adunan ini.

**SEDIAKAN TOPPING STREUSEL:**

d) Satukan tepung dan baki ¾ cawan gula.

e) Potong mentega sehingga adunan menjadi hancur. Ketepikan ½ cawan adunan ini untuk digunakan kemudian.

f) Pada campuran streusel yang tinggal, tambah serbuk penaik, soda penaik, dan kacang cincang halus.

g) Satukan telur yang dipukul dan campuran cuka susu.

h) Masukkan campuran basah ini ke dalam bahan kering dengan kacang, kacau sehingga hanya lembap.

**MASUKKAN KEK:**

i) Sapukan ⅔ adunan di bahagian bawah dan tepi loyang bentuk spring 9 inci yang telah disapu mentega.

j) Sudukan isi rhubarb yang telah disejukkan ke atas adunan.

k) Letakkan baki adunan di atas isi rhubarb dengan sudu.

l) Taburkan ½ cawan campuran streusel yang dikhaskan di atas.

**BAKAR:**

m) Bakar kek dalam ketuhar 350°F (175°C) yang telah dipanaskan terlebih dahulu selama kira-kira 50 minit atau sehingga ia berwarna keemasan dan pencungkil gigi yang dimasukkan ke dalam bahagian tengah keluar bersih.

n) Biarkan kek sejuk sebelum mengeluarkannya dari loyang springform.

o) Nikmati Kek Streusel Rhubarb dan kacang anda! Ia adalah gabungan rasa manis dan masam yang menarik dengan rangup kacang.

## 71.Tart Rhubarb dan Elderflower

**BAHAN-BAHAN:**

**UNTUK PASTRY:**

- 115 gram Tepung Biasa
- 25 gram Gula Kaster
- 15 gram Gula Ais
- 50 gram Mentega
- 1 biji kuning telur (kecil)
- 2 sudu besar Air Ais

**UNTUK PENGISIAN BUAH:**

- 500 gram Rhubarb (dicincang)
- 5 sudu besar Elderflower Cordial
- 2 sudu besar Gula Kaster

**UNTUK TOPPING CRUMBLE:**

- 100 gram Tepung Biasa
- 50 gram oat
- 100 gram Mentega
- 75 gram Gula Kastor

**ARAHAN:**

**UNTUK PASTRY:**

a) Dalam mangkuk, satukan tepung biasa, gula kastor dan gula aising.

b) Sapu mentega sehingga adunan menyerupai serbuk roti.

c) Pukul kuning telur bersama air berais dan masukkan ke dalam adunan tepung. Gaul dan uli perlahan-lahan sehingga menjadi doh yang lembut.

d) Balut pastri dalam filem berpaut dan sejukkan di dalam peti sejuk selama 30 minit.

e) Selepas sejuk, canai pastri dan gunakannya untuk melapik empat tin tart bergalur 4 inci.

f) Lapik bekas pastri dengan kertas pastri, isi dengan kacang pembakar, dan bakar buta dalam set ketuhar yang telah dipanaskan pada suhu 190°C (375°F) atau Gas Mark 5 selama 15-20 minit.

g) Benarkan bekas pastri sejuk.

**UNTUK PENGISIAN BUAH:**

h) Masukkan ketumbar cincang dan kordial bunga elder dalam kuali dan panaskan perlahan-lahan, ditutup, sehingga buahnya lembut tetapi masih mengekalkan bentuknya.

i) Perlahan-lahan putar buah dalam jus kuali dan rasakan kemanisannya. Jika terlalu masam untuk citarasa anda, masukkan gula kastor. Biarkan buah sejuk.

j) Untuk Topping Crumble:

k) Dalam mangkuk yang berasingan, sapu mentega ke dalam tepung biasa sehingga adunan menyerupai serbuk roti yang kasar.

l) Masukkan oat dan gula halus.

**MEMASANG TART:**

m) Setelah buah telah sejuk, perlahan-lahan masukkan jus kuali dan masukkan ke dalam bekas pastri.

n) Hiaskan buah dengan topping crumble.

o) Kembalikan tartlet ke dalam ketuhar selama 15 minit tambahan, atau sehingga topping hancur berwarna perang keemasan.

p) Hidangkan Rhubarb dan Elderflower Tart hangat dengan iringan pilihan anda, seperti krim, kastard atau ais krim.

q) Nikmati Tart Rhubarb dan Elderflower yang lazat! Ia adalah gabungan yang menarik dari tart rhubarb dan perisa elderflower yang manis dengan topping crumble yang selesa.

## 72.Pai Rhubarb Nanas

**BAHAN-BAHAN:**

- 1 pastri untuk pai kerak dua 9 inci
- 1 paun rhubarb segar, dipotong menjadi kepingan 1 inci
- 2 (8 auns) tin ketulan nanas, toskan
- 1 ⅛ cawan gula putih
- 2 sudu besar ubi kayu
- 1 sudu besar susu

**ARAHAN:**

a) Hidupkan ketuhar kepada 400 ° F (200 ° C) untuk memanaskan. Pada permukaan yang ditaburkan sedikit tepung, gulungkan 1 kerak dan masukkan ke dalam 9-in. pinggan pai. Gulungkan kerak atas dan ketepikan.

b) Satukan ubi kayu, gula, ketulan nanas, dan ketumbar dalam mangkuk besar. Masukkan ke dalam kulit pai. Letakkan kerak atas untuk menutup, kemudian kedap dan kelimkan tepi. Sapu susu dan potong beberapa lubang di bahagian atas untuk mengeluarkan wap.

c) Masukkan ke dalam ketuhar yang telah dipanaskan dan bakar sehingga cecair berbuih di tengah dan kerak menjadi keemasan, 45 minit.

# 73.Pai Blueberry Rhubarb

**BAHAN-BAHAN:**

**PENGISIAN PAI:**

- 4 cawan cincang, rhubarb segar
- 2 cawan beri biru segar
- 2 sudu besar mentega cair
- 1-⅓ cawan gula putih
- ⅔ cawan empat

**ATAS CRUMBLE:**

- ½ cawan (1 batang) mentega cair
- 1 cawan tepung
- 1 cawan oat
- 1 cawan gula perang yang ditekan
- 1 sudu teh kayu manis

**ARAHAN:**

**PENGISIAN PAI:**

a) Sembur bahagian bawah kuali pai hidangan dalam 9" dengan semburan.

b) Alas kuali dengan kerak pai. Jika membuat bahagian atas hancur, serulingi tepi kerak sebelum diisi.

c) Sapukan ¼ cawan tepung secara merata pada bahagian bawah kulit pai sebelum menambah inti pai.

d) Satukan semua bahan inti pai, dan tekan ke dalam kulit pai.

**ATAS CRUMBLE:**

e) Satukan semua bahan sehingga sebati dan lumat.

**MEMBAKAR:**

f) Tambah bahagian atas hancur ke inti pai, ratakan. Jika menggunakan bahagian atas kerak pai, letakkan di atas keseluruhan isi pai, dan tekan tepi kerak pai atas ke kerak bahagian bawah, dengan mengayunkan bahagian tepi. Buat celah di bahagian atas kerak untuk membolehkan pai mengukus. Sembur kerak atas dengan semburan kuali dan taburkan dengan baik dengan 5 sudu besar gula dalam mentah.

g) Tutup dengan kerajang timah, dan bakar pada suhu 350 darjah selama 1 jam (kurang jika menggunakan ketuhar perolakan)

h) Biarkan pai sejuk sepenuhnya sebelum dihidangkan.

## 74.Pai tauhu limau ketumbar

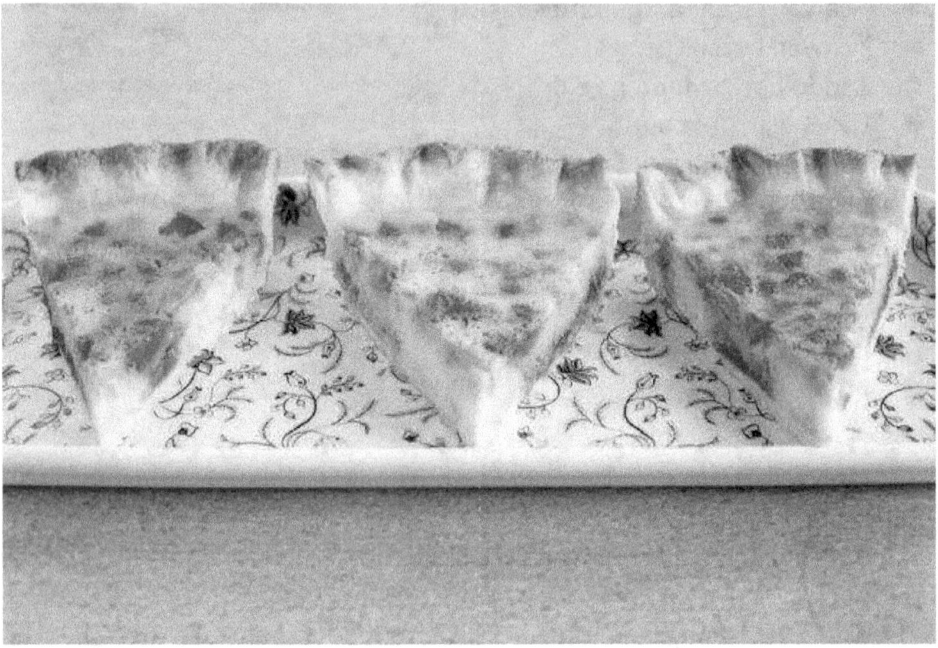

**BAHAN-BAHAN:**

- 5 tangkai rhubarb, basuh,
- 1 epal Granny Smith, dikupas
- Sedozen strawberi besar
- 6 auns Tauhu pejal (kurang lemak).
- Jus ½ lemon
- ¼ cawan + 2 T gula
- 2 sudu besar Tepung gandum
- 2 sudu teh Gula + 2 t gandum
- tepung

**ARAHAN:**

a) Dalam periuk nasi, masukkan sedikit air dan batang ketupat, dicincang. Masak bertutup selama beberapa minit. Masukkan epal kiub, strawberi, dan ¼ c gula

b) Haluskan tauhu dalam pemproses makanan atau pencincang, sehingga sangat halus. Masukkan jus lemon, 2 T gula, 2 T tepung gandum, dan proses sehingga sebati.

c) Alas loyang pai 8" dengan minyak, dan taburkan untuk menyaluti dengan gula dan bancuhan tepung gandum, kira-kira 2 t setiap satu. Sapukan adunan tauhu ke dalam tin pai. Bakar pada suhu 400 F selama beberapa minit.

d) Tuangkan campuran rhubarb ke dalam ayak halus, dan toskan jusnya. Tuangkan baki adunan rhubarb ke atas tauhu limau yang dibakar.

# 75.Pai Pisang Rhubarb Segar

**BAHAN-BAHAN:**

- ½ paun Rhubarb Segar (anggaran 3 cawan), dihiris
- 3 Pisang sederhana (anggaran 3 cawan), dihiris
- 1 cawan Gula
- ¼ cawan Jus Oren
- ¼ sudu teh Garam
- ¼ sudu teh Kayu Manis
- 1 sudu teh Pala
- 1 sudu besar Mentega
- 1 9" Kerak Pai Berganda Belum Bakar

**ARAHAN:**

a) Mulakan dengan menyediakan resipi kerak pai berganda kegemaran anda atau menggunakan kerak yang dibeli di kedai.

b) Panaskan ketuhar anda hingga 450°F (230°C).

c) Dalam mangkuk adunan yang besar, satukan hirisan rhubarb, hirisan pisang, gula, jus oren, garam, kayu manis dan buah pala. Gaul perlahan sehingga semua bahan sebati.

d) Gulungkan salah satu kerak pai dan letakkan dalam hidangan pai 9 inci. Tuang adunan buah ke dalam kulit pai. Letakkan bahagian atas inti dengan kepingan kecil mentega.

e) Bulat kerak pai kedua dan letakkan di atas inti buah. Anda boleh mencipta tepi hiasan dengan mengelimkan tepi kedua-dua kerak bersama-sama.

f) Letakkan pai dalam ketuhar yang telah dipanaskan dan bakar pada suhu 450°F (230°C) selama 15 minit. Bakar suhu tinggi awal ini membantu untuk menetapkan kerak.

g) Selepas 15 minit, kurangkan suhu ketuhar kepada 350°F (175°C).

h) Teruskan membakar pai selama 20 minit tambahan atau sehingga kerak berwarna perang keemasan dan isinya berbuih.

i) Biarkan pai sejuk di atas rak dawai untuk beberapa lama sebelum dihiris dan dihidangkan. Ia boleh dihidangkan hangat atau pada suhu bilik.

j) Nikmati Pie Rhubarb Pisang Segar yang lazat!

# 76.Tarlet Rhubarb & Badam

**BAHAN-BAHAN:**

- 2 Batang Rhubarb Merah
- 16 auns cecair Sirap Stok
- 3 auns Mentega
- 3 auns Gula
- 3 auns Badam Kisar
- 10 auns cecair Whipping Cream, disebat
- Raspberi, Strawberi, Anggur dan Tangkai Pudina (untuk hiasan)

**ARAHAN:**

a) Panaskan ketuhar anda kepada 180°C (350°F) atau Gas Mark 4.

b) Potong rhubarb menjadi panjang 1 inci.

c) Rebus rhubarb dalam sirap stok selama kira-kira 12 minit, atau sehingga ia menjadi sedikit lembut.

d) Toskan ketupat rebus dan biarkan ia sejuk.

e) Dalam mangkuk, campurkan mentega, gula, dan badam kisar sehingga sebati.

f) Gris enam belas tin patty untuk mengelakkan melekat.

**BAKAR KES TARTLET:**

g) Masukkan 1 sudu teh bancuhan badam ke dalam setiap tin yang telah digris.

h) Bakar bekas tartlet dalam ketuhar yang telah dipanaskan selama kira-kira 10 minit atau sehingga ia bertukar menjadi perang keemasan.

i) Benarkan bekas tartlet sejuk di dalam tin tetapi keluarkan sebelum ia ditetapkan.

**HIMPUNKAN TARTLETS:**

j) Untuk menghidangkan, isikan setiap bekas tartlet dengan ketumbar rebus.

k) Teratas rhubarb dengan krim disebat.

l) Hiaskan tartlet dengan sebarang baki rhubarb, raspberi, strawberi, anggur dan tangkai pudina.

m) Nikmati Rhubarb dan Tartlets badam anda yang menarik! Tartlet yang manis dan masam dengan sentuhan pedas ini menjadi pencuci mulut atau hidangan yang sempurna.

# 77.Tart Berry Rhubarb

**BAHAN-BAHAN:**

- ½ cawan gula
- 4 sudu teh ubi kayu masak cepat
- 3 cawan dihiris rhubarb segar atau beku
- 2 cawan hirisan strawberi segar
- 2 sudu besar minuman keras oren atau jus
- 1 sudu kecil kulit limau parut

**KERAK:**

- ½ cawan mentega, dilembutkan
- ½ cawan gula
- 1 biji telur
- ½ sudu teh ekstrak badam
- 1-½ cawan tepung serba guna
- 1-½ sudu teh serbuk penaik

**TOPPING:**

- 2 cawan (16 auns) krim masam
- ½ cawan gula
- 2 biji kuning telur
- 1 sudu teh ekstrak vanila

**ARAHAN:**

a) Dalam mangkuk besar, campurkan ubi kayu dan gula. Sertakan strawberi dan rhubarb; toskan hingga kot. Campurkan kulit lemon dan minuman keras. Biarkan selama kira-kira 15 minit.

b) Sementara itu, pukul gula dan mentega dalam mangkuk kecil sehingga kembang dan ringan. Pukul dalam ekstrak badam dan telur. Campurkan baking

c) serbuk dan tepung; perlahan-lahan tuangkan ke dalam adunan berkrim dan sebati.

d) Ratakan doh pada dasar loyang 10 inci yang telah digris. Teratas dengan campuran buah-buahan.

e) Kisar bahan topping; cedok atas buah. Susun loyang di atas loyang.

f) Bakar selama 55 hingga 60 minit pada 350 °, sehingga padat. Biarkan sejuk di atas rak dawai selama 10 minit. Surih pisau dengan teliti di sekeliling tepi kuali untuk melonggarkan. Biarkan sejuk sepenuhnya. Simpan dalam peti ais.

# PERUBAHAN

# 78.Rhubarb, ros, & jem strawberi

**BAHAN-BAHAN:**

- 2 paun rhubarb
- 1 paun strawberi
- ½ paun kelopak mawar yang sangat wangi
- 1½ paun gula
- 4 biji limau berair, termasuk biji, diketepikan

**ARAHAN:**

a) Hiris rhubarb dan letakkan dalam mangkuk dengan keseluruhan strawberi yang dikupas dan gula. Tuangkan jus lemon, tutup, dan biarkan semalaman.

b) Tuangkan kandungan mangkuk ke dalam kuali tidak reaktif. Masukkan biji limau nipis yang diikat dalam beg muslin dan biarkan mendidih perlahan-lahan. Rebus selama 2 minit, kemudian tuangkan semula isi kuali ke dalam mangkuk. Tutup dan biarkan di tempat yang sejuk semalaman sekali lagi.

c) Masukkan semula adunan rhubarb dan strawberry ke dalam kuali.

d) Keluarkan hujung putih dari pangkal kelopak mawar dan tambahkan kelopak ke dalam kuali, menolaknya dengan baik di antara buah.

e) Didihkan dan rebus dengan cepat sehingga titik tetapan dicapai, kemudian tuangkan ke dalam balang yang disterilkan hangat.

f) Meterai dan proses.

## 79.Ketupat ketupat

**BAHAN-BAHAN:**

- 1 paun Rhubarb
- 2 sudu teh halia segar parut kasar
- 2 ulas bawang putih
- 1 biji cili jalapeno,(atau lebih)biji dan urat Ambil
- 1 sudu kecil Paprika
- 1 sudu besar biji sawi hitam
- ¼ cawan kismis
- 1 cawan gula perang ringan
- 1½ cawan cuka ringan

**ARAHAN:**

a) Basuh rhubarb dan belah menjadi kepingan¼ inci tebal. Jika tangkainya lebar, potong dua atau tiga memanjang, terlebih dahulu.

b) Cincang halus halia parut bersama bawang putih dan cili.

c) Letakkan semua bahan dalam kuali yang tidak menghakis, biarkan mendidih, kemudian kecilkan api dan renehkan sehingga rhubarb hancur dan mempunyai tekstur jem, kira-kira 30 minit.

d) Simpan dalam peti sejuk dalam balang kaca.

# 80.Rhubarb Conserve

**BAHAN-BAHAN:**

- 3½ paun rhubarb
- 3 paun gula
- ½ kismis
- 1 cawan walnut
- 3 biji lemon (jus)
- kulit 3 oren

**ARAHAN:**

a) Masak kulit oren, rhubarb, dan gula selama 2 jam.

b) Masukkan baki bahan, dan masak selama 1 jam.

# 81.Rhubarb Relish

**BAHAN-BAHAN:**

- 4 cawan rhubarb dipotong dadu
- 2 cawan bawang cincang halus
- 2 cawan cuka lembut
- 3 cawan gula perang
- 1 sudu teh garam
- 1 sudu teh kayu manis
- ½ sudu teh bunga cengkih (kisar)
- ½ sudu teh halia kisar
- Lada cayenne Dash

**ARAHAN:**

a) Dalam periuk besar, satukan semua bahan. Biarkan mendidih.

b) Kecilkan api dan renehkan sehingga adunan pekat, kira-kira 2 jam, kacau sekali-sekala.

c) Isi semua bekas hingga dalam ½ inci bahagian atas. Lap bahagian tepi atas bekas; tutup mereka dengan penutup.

## 82.Ketchup Rhubarb

**BAHAN-BAHAN:**

- 2 cawan rhubarb, dicincang
- 1 cawan gula pasir
- 1/2 cawan cuka epal
- 1/4 cawan bawang, dicincang halus
- 1/4 sudu teh kayu manis tanah
- 1/4 sudu teh lada sulah

**ARAHAN:**

a) Dalam periuk, gabungkan rhubarb, gula, cuka sari apel, bawang cincang, kayu manis yang dikisar dan lada sulah yang dikisar.

b) Didihkan campuran di atas api sederhana, kacau sekali-sekala, sehingga rhubarb lembut, dan sos tomato telah menjadi pekat (kira-kira 20-25 minit).

c) Biarkan ia sejuk dan gunakannya sebagai perasa pedas dan manis untuk burger, kentang goreng atau apa sahaja yang memerlukan sos tomato.

## 83.Rhubarb Salsa

**BAHAN-BAHAN:**

- 2 cawan rhubarb, dipotong dadu
- 1/2 cawan bawang merah, dicincang halus
- 1/2 cawan ketumbar segar, dicincang
- Jus 1 biji limau purut
- 1 jalapeño, dikisar (sesuaikan dengan pilihan rempah anda)
- Garam dan lada sulah secukup rasa

**ARAHAN:**

a) Dalam mangkuk, gabungkan rhubarb, bawang merah, ketumbar, jus limau nipis dan jalapeño cincang.

b) Perasakan dengan garam dan lada sulah secukup rasa.

c) Biarkan salsa duduk selama sekurang-kurangnya 30 minit untuk membolehkan rasa bercampur. Hidangkannya dengan ayam panggang, ikan, atau sebagai celup untuk kerepek tortilla.

# 84.Sawi Rhubarb

**BAHAN-BAHAN:**

- 1/2 cawan rhubarb, dicincang halus
- 1/2 cawan mustard Dijon
- 2 sudu besar madu

**ARAHAN:**

a) Dalam mangkuk, gabungkan rhubarb yang dicincang halus, mustard Dijon, dan madu.

b) Gaul rata sehingga semua bahan sebati.

c) Sejukkan selama beberapa jam sebelum menggunakannya sebagai perasa pedas untuk sandwic, sosej atau daging panggang.

## 85.Sambal Rhubarb

**BAHAN-BAHAN:**

- 2 cawan rhubarb, dicincang halus
- 1/4 cawan bawang merah, dikisar
- 1/4 cawan lada benggala merah, dikisar
- 1/4 cawan cuka beras
- 2 sudu besar gula merah
- 1 sudu teh halia segar parut

**ARAHAN:**

a) Dalam mangkuk, satukan rhubarb, bawang merah, lada benggala merah, cuka beras, gula perang, dan halia parut.

b) Gaul rata dan biarkan selama sekurang-kurangnya 30 minit untuk membenarkan rasa bercampur. Gunakannya sebagai perasa pedas dan sedikit pedas untuk daging panggang atau sebagai sampingan untuk hidangan nasi.

# 86.Rhubarb Aioli

**BAHAN-BAHAN:**

- 1/2 cawan rhubarb, dicincang halus
- 1/2 cawan mayonis
- 1 ulas bawang putih, dikisar
- 1 sudu besar jus lemon

**ARAHAN:**

a) Dalam pemproses makanan atau pengisar, satukan rhubarb, mayonis, bawang putih cincang dan jus lemon.
b) Kisar sehingga licin dan berkrim.
c) Sejukkan selama sekurang-kurangnya sejam sebelum menggunakannya sebagai celup untuk kentang goreng, sapuan untuk sandwic atau perasa untuk makanan laut.

# 87.Vinaigrette Rhubarb

**BAHAN-BAHAN:**

- 1/2 cawan rhubarb, dicincang halus
- 1/4 cawan minyak zaitun
- 2 sudu besar cuka wain merah
- 1 sudu besar madu
- 1 sudu teh mustard Dijon

**ARAHAN:**

a) Dalam pengisar, gabungkan rhubarb, minyak zaitun, cuka wain merah, madu, dan mustard Dijon.

b) Kisar sehingga vinaigrette licin dan mengemulsikan.

c) Gunakannya sebagai pembalut untuk salad atau sebagai perapan untuk sayur-sayuran dan daging panggang.

# MINUMAN

## 88.Rhubarb dan air epal

**BAHAN-BAHAN:**

- 1 epal Granny Smith, dihiris dan dicincang
- 1 rhubarb, dicincang
- 1 batang kayu manis
- 1 biji vanila, hiris sepanjang biji Anise, secukup rasa

**ARAHAN:**

a) Masukkan bahan ke dalam bekas dan isi dengan air.
b) Letakkan dalam peti sejuk anda selama 2 hari.

# 89.Kefir Air Rosemary Rhubarb

**BAHAN-BAHAN:**

- 4 cawan pertama ditapai
- 1 cawan tangkai rhubarb yang dicincang halus
- 1 sudu besar rosemary segar

**ARAHAN:**

a) Buat penapaian pertama dan biarkan balang di tempat yang hangat selama 24-48 jam.

b) Tapis bijirin dan masukkan semua bahan ke dalam botol atas pusing dengan kefir air penapaian pertama.

c) Tutup botol atas pusing dan biarkan di tempat yang hangat selama 24 jam untuk penapaian kedua.

d) Buka perlahan-lahan, tapis, dan nikmati!

## 90.limau ketumbar

**BAHAN-BAHAN:**

- 4 cawan air
- ½ cawan sirap maple
- 1 paun rhubarb (dikupas jika perlu, dicincang)
- 3 cawan air panas
- kiub ais
- Hiasan: hirisan oren atau tangkai pudina

**ARAHAN:**

a) Didihkan 4 cawan air dalam periuk; keluarkan dari api, pukul dalam sirap maple, dan ketepikan untuk menyejukkan.

b) Dalam pemproses makanan, putar ketupat yang dicincang sehingga ia menjadi pulpa.

c) Dalam besen sederhana, tuangkan 3 cawan air panas ke atas pulpa rhubarb dan tutup.

d) Letakkan ayak di atas air sirap maple di dalam periuk. Tapis pulpa rhubarb ke dalam campuran air sirap Maple menggunakan ayak. Untuk menggabungkan cecair rhubarb dan air sirap Maple, pukul mereka bersama-sama. Isi periuk kera separuh dengan air.

e) Tuangkan koktel ke dalam empat gelas tinggi yang diisi dengan ketulan ais.

f) Hidangkan dengan hirisan oren atau setangkai pudina sebagai hiasan.

# 91.Smoothie Rhubarb dan Blueberry

**BAHAN-BAHAN:**

- 1 cawan rhubarb cincang
- 1/2 cawan beri biru
- 1/2 cawan yogurt Yunani
- 1/2 cawan jus oren
- 1 sudu besar madu
- Kiub ais (pilihan)

**ARAHAN:**

a) Letakkan rhubarb cincang, beri biru, yogurt Yunani, jus oren, dan madu dalam pengisar.
b) Jika mahu, tambahkan segenggam ais kiub untuk smoothie yang lebih sejuk.
c) Kisar sehingga licin dan berkrim.
d) Tuangkan ke dalam gelas dan nikmati smoothie rhubarb dan blueberry anda.

## 92.Teh Ais Rhubarb

**BAHAN-BAHAN:**

- 2 cawan rhubarb segar, dicincang
- 1/2 cawan gula pasir
- 4 uncang teh (teh hitam atau hijau)
- 4 cawan air mendidih

**ARAHAN:**

a) Dalam periuk, satukan rhubarb dan gula dengan 2 cawan air mendidih.
b) Reneh sehingga rhubarb empuk dan gula larut. Biarkan ia sejuk.
c) Bancuh teh dalam baki 2 cawan air mendidih dan biarkan ia curam.
d) Tapis sirap rhubarb dan campurkan dengan teh yang dibancuh.
e) Hidangkan di atas ais untuk teh ais yang menyegarkan.

# 93.Penyejuk Halia Rhubarb

**BAHAN-BAHAN:**

- 2 cawan rhubarb segar, dicincang
- 1/2 cawan gula pasir
- 2 sudu besar halia segar, parut
- 4 cawan air sejuk berkilauan

**ARAHAN:**

a) Dalam periuk, satukan rhubarb, gula, dan halia parut dengan 2 cawan air.
b) Reneh sehingga rhubarb empuk dan gula larut. Biarkan ia sejuk.
c) Tapis sirap rhubarb-halia dan campurkan dengan air sejuk berkilauan.
d) Hidangkan di atas ais dengan hirisan limau nipis atau setangkai pudina.

# 94.Rhubarb Mojito

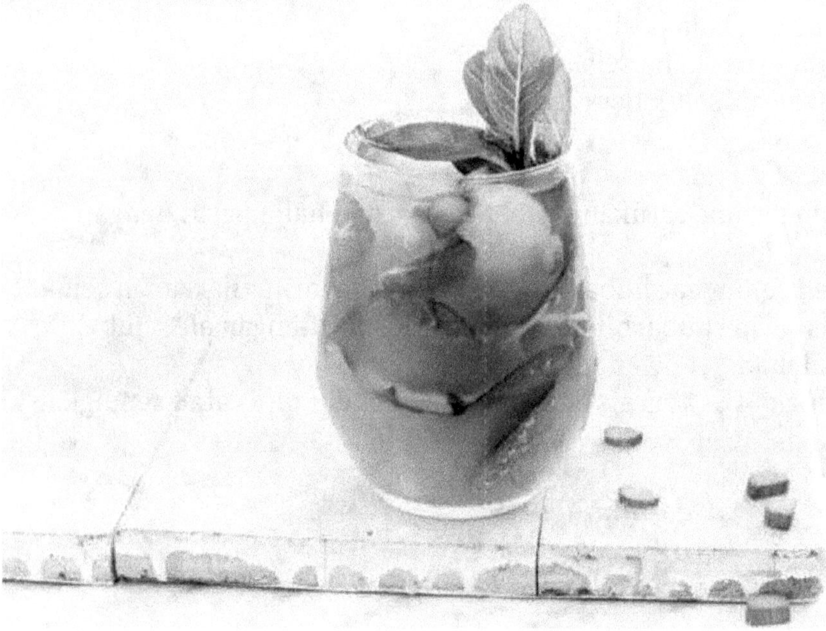

**BAHAN-BAHAN:**

- 1 cawan rhubarb segar, dicincang
- 1/2 cawan gula pasir
- 10 helai daun pudina segar
- Jus 2 biji limau purut
- 2 oz rum putih
- Air Soda

**ARAHAN:**

a) Dalam shaker, kacau rhubarb, gula dan daun pudina.
b) Masukkan jus limau nipis dan rum putih dan goncang sebati.
c) Tapis adunan tadi ke dalam gelas berisi ais.
d) Tutup dengan air soda dan hiaskan dengan tangkai pudina.

# 95.Smoothie Rhubarb

**BAHAN-BAHAN:**

- 1 cawan rhubarb segar, dicincang
- 1 pisang
- 1 cawan yogurt Yunani
- 1/2 cawan jus oren
- Madu atau sirap maple (pilihan, secukup rasa)

**ARAHAN:**

a) Dalam pengisar, gabungkan rhubarb, pisang, yogurt Yunani dan jus oren.
b) Kisar sehingga rata, tambah madu atau sirap maple jika mahu untuk rasa manis.
c) Hidangkan sebagai smoothie rhubarb yang lazat dan berkhasiat.

## 96.Penyembur Rhubarb

**BAHAN-BAHAN:**

- 2 cawan rhubarb segar, dicincang
- 1/2 cawan gula pasir
- 1 cawan air
- Air berkilauan atau soda kelab
- kiub ais
- Lemon atau limau nipis untuk hiasan

**ARAHAN:**

a) Dalam periuk, satukan rhubarb, gula, dan air. Reneh sehingga rhubarb empuk dan gula larut. Biarkan ia sejuk.
b) Tapis sirap rhubarb dan sejukkan.
c) Semasa menghidangkan, campurkan sirap rhubarb dengan air berkilauan atau soda kelab.
d) Masukkan kiub ais dan hiaskan dengan hirisan lemon atau limau nipis.

# 97.Margarita Rhubarb

**BAHAN-BAHAN:**

- 1 cawan rhubarb segar, dicincang
- 1/2 cawan gula pasir
- 2 oz tequila
- 1 oz minuman keras oren (cth, Triple Sec)
- Jus 2 biji limau purut
- Garam untuk rimming kaca

**ARAHAN:**

a) Dalam periuk, satukan rhubarb dan gula dengan 1 cawan air. Reneh sehingga rhubarb empuk dan gula larut. Biarkan ia sejuk.
b) Tapis sirap rhubarb dan sejukkan.
c) Rapikan gelas dengan garam. Dalam shaker, campurkan sirap rhubarb, tequila, minuman keras oren, dan jus limau dengan ais.
d) Tapis ke dalam gelas yang disediakan, tambah ais, dan nikmati marjerita rhubarb anda.

# 98.Rhubarb and Mint Infused Water

**BAHAN-BAHAN:**

- 2 cawan rhubarb segar, dicincang
- 1/2 cawan daun pudina segar
- 8 cawan air sejuk

**ARAHAN:**

a) Dalam periuk, gabungkan rhubarb dan pudina dengan air sejuk.
b) Biarkan ia meresap di dalam peti sejuk selama sekurang-kurangnya beberapa jam, atau semalaman, untuk mendapatkan air yang menyegarkan dan berperisa halus.

# 99.Rhubarb dan Basil Lemonade

**BAHAN-BAHAN:**

- 2 cawan rhubarb segar, dicincang
- 1/2 cawan gula pasir
- Jus 4 biji lemon
- 1/2 cawan daun selasih segar
- 4 cawan air sejuk

**ARAHAN:**

a) Dalam periuk, satukan rhubarb dan gula dengan 2 cawan air. Reneh sehingga rhubarb empuk dan gula larut. Biarkan ia sejuk.
b) Tapis sirap rhubarb dan sejukkan.
c) Dalam periuk, satukan sirap rhubarb, jus lemon, daun selasih segar, dan air sejuk.
d) Hidangkan di atas ais untuk mendapatkan air limau yang enak dan kaya dengan herba.

## 100. Rhubarb dan Berry Smoothie

**BAHAN-BAHAN:**

- 1 cawan rhubarb segar, dicincang
- 1/2 cawan beri campuran (cth, strawberi, raspberi)
- 1 pisang
- 1 cawan yogurt Yunani
- 1/2 cawan jus oren

**ARAHAN:**

a) Dalam pengisar, gabungkan rhubarb, beri campuran, pisang, yogurt Yunani dan jus oren.
b) Kisar sehingga rata untuk ketupat dan buah beri yang berwarna-warni dan berbuah.

# KESIMPULAN

Semasa kami mengakhiri pengembaraan ketupat kami, kami berharap anda telah mendapat inspirasi untuk menikmati sayur-sayuran yang bertenaga ini di dapur anda. Sama ada anda seorang tukang masak yang berpengalaman atau orang baru dalam bidang masakan, rhubarb menawarkan peluang yang tidak berkesudahan untuk masakan kreatif. Rasanya yang pedas dan warnanya yang mempesonakan menjadikannya sebagai ramuan bintang dalam mana-mana hidangan, daripada manis hingga berperisa.

Jadi teruskan, ambil sedikit ketumbar, dan biarkan imaginasi masakan anda berjalan liar. Cipta makanan, pencuci mulut dan minuman yang tidak dapat dilupakan yang akan membuatkan rakan dan keluarga anda mengemis selama beberapa saat. Rhubarb bukan sekadar ramuan; ia adalah karya kulinari yang menunggu untuk diterokai, dan kami sangat teruja untuk mengambil perjalanan yang lazat ini bersama anda.

Selamat memasak dan nikmati kelazatan ketumbar yang menggoda!